神さまがやどる

お掃除の本

汚い部屋が
みるみる片づく!

［監修］
きさいち登志子
生活コーディネーター
久保田裕道
國學院大學兼任講師

永岡書店

日本の超
お金持ち!
いいなー
大きな家
お金持ちって
恵まれてるよ
やせる!!
うちとは
次元の違う人の
話だな
すごい広い
ですねー
オホホホ
いいな
いいなー
日本の超
お金持ち!
でも私も昔は
貧乏でして……
エッ!?
日本の超
お金持ちになる
秘訣とかは
わかりませんが
ひとつ心がけたのは
家の掃除です
くる
くる

なにそれー
家の掃除で
お金持ちに
なれるなら
楽だっつーの
はっ
うちは
汚い
けどな
ゴチャ〜〜〜
ゆう
掃除しろよ
……
ギクッ
妻・ゆう
息子・げんき
夫・のぶちー
ムニムニマン
パンツオムツ
Blendy

掃除しろー
子どもがいるとちらかるのよー
えーっ掃除ですか？
でもただ掃除するだけじゃだめなんです
自分を育ててくれた家と見守ってくれた家の神さまに感謝しながら掃除する事がポイントです
パタパタ
サー
ザッ
おおー
毎日掃除は欠かしていません
ピカ
ピカ
シュッ
シュッ
か、かみさま!?

神さまとかって
なんか怪しくねぇ？
あ、でも
げんきが
おなかに
いたときさー
げんき
1歳
トイレ掃除すると
かわいい子が
産まれるのよ～
ゆう母
お母さんに
トイレの神さまに
お願いするといい
っていわれて
へー
トイレは
毎日掃除
したよ
かわいい子が
産まれます
ように
シャカ
シャカ
ふき
ふき
おかげで
産まれたし
マ・マ
のぶちー
激似

あっ
そういえばオレも
昔、ばーちゃんにさー
トイレ掃除すると
お金が貯まるんだよ
エーッ
ばーちゃんそれ
本当ーっ
のぶちー
小学生時代
そーだよ
だからちゃんと掃除
するんだよ
へー
トイレ掃除で
なんでお金が
貯まるんだろーね
運(うんこ)が
たまるんだって
さー
えっ
汚っ!!

あとかまどの神さまって聞いたことがあるなー
かまどの神さま？
かまどだから台所の神さまじゃないかなー？
かまどの神さまイメージ
メラ
メラ
火を守って火事を防いでくれたりするのかな～
うん うん
そうじゃなく
食べものをおいしくしてくれたり……とか
ハッ
ひそかに味見してくれたりとか
もぐ
ウム… もう少ししょうゆじゃな
しょうゆ
みりん
なんだよその神さま
ちがうか
へへへっ
でもその神さまがさ
もしもいたとしたらさー

怒ってんじゃねーの
なんか台所の生ゴミくさいぞ
プーン
くんくん
すぐ掃除するよー
パパって嫌味多いでちゃね
……
日本には八百万の神さまがいるんだそうです
いろんなものに神さまがやどっているとおばあちゃんから言われましてね
はーそうなんですか

この人も
おばーちゃんから
神さまの話
聞いたんだね
昔から
言われてる
話なのかな？
へーーっ
家には
もちろん各部屋を
守ってくれる神さま
がいると言われました
各部屋を
守る神さまかぁ……
どんな姿なんだろう
玄関
寝室
神
キッチン
リビング
おフロ
トイレ
ではつづきは
CMの後でじっくり
うかがいましょう！
知りたい!!

はじめに

「やおよろずの神々」という言葉を聞いたことはありませんか。「八百万《やおよろず》」と書きます。八百万とは「たくさん」という意味で、日本ではあらゆるものに神がやどっていると考えられていたことから生まれた言葉です。

日本の神さま方は、水、火、風、土、木などすべての自然を司り、森の神、川の神、山の神、海の神などとして私たちの暮らしに根づいてきました。私たちに自然の恵みを与え見守り、私たちはそれに感謝することで共存しているのです。

また、あらゆるものにやどる神さまは、自然だけでなく、私たちの暮らしの基本となる家そのものにも存在します。家を守り、ときには、その家に住む人に幸せのご利益を授けてくれるのです。

ただし、神々のご利益を期待するのであれば、日々の暮らしの中で、感謝の気持ちを表すことが大切です。

その行動のひとつが掃除です。掃除は「お清め」ともいい、神さまの居場所を清浄にするという意味があります。神さまは、私たちが掃除で感謝を表すことで、より豊かなものを授けてくれるのです。

一方、神さまの中には、災厄をもたらす神もいます。

たとえば、台所は水を使うため、かつては、家の中でも一番ものが腐りやすい場所とされました。ものが腐ると不衛生となり病気になります。病人の出た家は、疫病神が取りついたと忌み嫌われました。それを避けるため、台所は毎日掃除して清浄を保つことが大切でした。

災厄を逃れるために掃除をすることも、古くから行われてきたことです。

家にやってくる神さまは、その住人を幸せにも不幸にもするのです。

本書は、災厄をもたらす神を避け、幸福を運んでくれる神さまを呼ぶための「神さまお掃除」を紹介するものです。そして、よい神さまを呼び込むだけでなく、ずっと家にやどってもらうためのお掃除術です。掃除は苦手と感じる人でも、数少ない身近な道具で、手軽に実践できる掃除方法を集めました。

家をきれいな状態に保つことは、幸せをもたらすこと。この本を読み、神さまお掃除を実践することで、家にやどる神さまの力が発揮されます。

本書には、あなたの人生をハッピーにするための方法がつまっているのです。

神さまプロフィールをチェックしよう！

44～53ページで家にやどる神さまをイラストつきで紹介しています。
神さまの性格やご利益などを知ることができます。

お掃除エリア

玄関、トイレ、洋室、和室、キッチン、浴室、洗面・脱衣所、収納場所、ベランダ・庭の９つのエリアにわけています。

神さまマップ

そのエリアを守ってくれる神さまを紹介しています。

神さまの姿
神さまの特徴
神さまの名前
おうちの神さまプロフィール
お掃除することで家を守ってくれる10の神さまを紹介します。
福を授ける神
大年神《おおとしがみ》
年明けの1月1日に来訪します。門には松を飾り、神棚にはおもちを供えておもてなししましょう。
【誕生】『古事記』では、須佐之男命《すさのおのみこと》と神大市比売《かむおおいちひめ》との間に生まれたのが大年神《おおとしがみ》です。また日本の伝統的な考え方では、自分たちの祖先の霊が近くの山にいて、正月になると年神として子孫の家を訪れるともいわれています。
【性格】まっ白な鏡もちなど、きれいなものや丸いものが大好き。家族みんなを見守るおおらかな神さま。ニコニコ顔でおだやか。
【ご利益】穀物神のため、五穀豊穣、無病息災、家内安全など。年末に大掃除をして新年に年神さまをお迎えすると、1年間、家や家族を災いから守ってくれます。お正月に用意する祝いばしは、神さまの力にあやかるために、神さまと一緒におせち料理を食べるためのものです。
44
誕生について
性格について
ご利益について

本書では、神さまを迎え・祀るためのお掃除のしかたを紹介しています。
まずは、第1章で神さまとお掃除の関係について知りましょう。
第2章では、家にやどる神さまの紹介と、掃除方法について詳しく解説しています。
第3章では、家の中をより神聖にするためのポイントを紹介しています。

お掃除をしてみよう！

お掃除の方法は、エリア別にわけて解説しています。

お掃除イラスト

イラストを多用してわかりやすく、楽しくお掃除ができるようになっています。

お掃除のポイント

エリアごとで押さえておきたい掃除のポイントを説明しています。

ツキを呼ぶ！神さまお掃除

玄関

すべての幸運は玄関が入口！
神さまを気持ちよく迎えよう

玄関は神さまの通り道として、できるだけものを置かないのがベスト。ほこりや土などをため込まないお掃除が大切。

玄関の掃除で開運するのはなぜ？

きれいな玄関には多くの幸運がやってきます

神さまはその家の入口からやってきます。そのため、玄関がものであふれていたり、ほこりや悪臭がこもっていては、神さまも遠ざかってしまいます。

天照大神や大年神など家全体を守ってくれる神さまは、玄関が清々しいとたくさんの幸運とともに訪れてくれます。また、玄関を開け閉めすることで、風の神さまの通り道にもなります。風通しをよくして悪い空気を排出し、よどみを消して、家族が健康で穏やかな日々を送れるよう見守ってくれるのです。

64

第2章 神さまパワーがみるみ 高まる！
部屋別神さまお掃除術

神さまを呼ぶにはまずどこから掃除をするの？

ドアノブをピカピカにして、内なるパワーを発揮して

玄関ドアのノブが金属なら、メガネ拭きなどの布でぜひ磨きましょう。光るものは神さまが目印にしてくれます。また、ピンポイントの輝きは好印象でもあります。内に秘めたパワーが発揮され、運気も上昇してきます。

とりあえず、今すぐ簡単にきれいにする方法は？

ほうき代わりのスポンジで細部までスッキリ！

靴箱の中や傘立ての底は、乾いた二層スポンジの堅い面を使って、ほうきのように、ほこりや土ぼこりを払います。

たたきに落ちた汚れはスポンジのやわらかい面で拭きます。細かい砂などは、ぬれたスポンジをしぼって拭くと取れます。

スポンジは靴箱の中に常備しておきましょう。気になったときにすぐに神さまお掃除ができます。

1 堅い面でほこりや土ぼこりをはらう。

2 たたきの汚れは、やわらかい面で。砂ぼこりはぬれたスポンジで吸着させる。

スポンジなら靴箱の中にあっても邪魔にならない。

65

お掃除解説

お掃除の方法をQ&A形式で解説しています。どうしてお掃除が必要かスピリチュアルな面からのアドバイスもあります。

汚い部屋がみるみる片づく！ 神様がやどる お掃除の本

もくじ

第2章

神さまパワーがみるみる高まる！ 部屋別神さまお掃除術

第3章

もっと人生が好転する！ おうちパワースポット化計画

やるぞー

登場人物紹介
すぎうら家の人たち

ゆう

イラストレーター兼すぎうら家の主婦。明るくおおらかな性格は、ズボラと紙一重。なにかと理由をつけて家の掃除をさぼるのが特技。テレビで掃除好きのお金持ちを見て以来、よこしまな気持ちから掃除に興味をもつ。

のぶちー

すぎうら家の大黒柱。普通のサラリーマン。妻の影響で汚部屋でも過ごせる免疫がついてしまったが、基本はきれい好き。なぜかトイレ掃除ばかりする妻に対して、冷静に尻をたたく。

げんき

のぶちーに激似のすぎうら家ベビー。生まれたときからほこりにまみれた生活をしているため、1歳ながら何ごとにも動じない強さをもつ。

第1章

おうちの神さまって何?

神さまのいない家が急増中!?

さっきのテレビの人が家を守ってくれる神さまがいるとか言ってたけど
うちには絶対いないよな
えっ？な、なんでー？
だって家スゲー汚いし
ひいっ!!
マーマ
はいはいしたらホコリまみれ
ときどきは掃除してるよー
ときどきかよ！
ツツー
いつもしないとだめなんじゃないの？
ギク
汚れてるよホラ
だっ だって育児とかたいへんだし時間もないしさ～

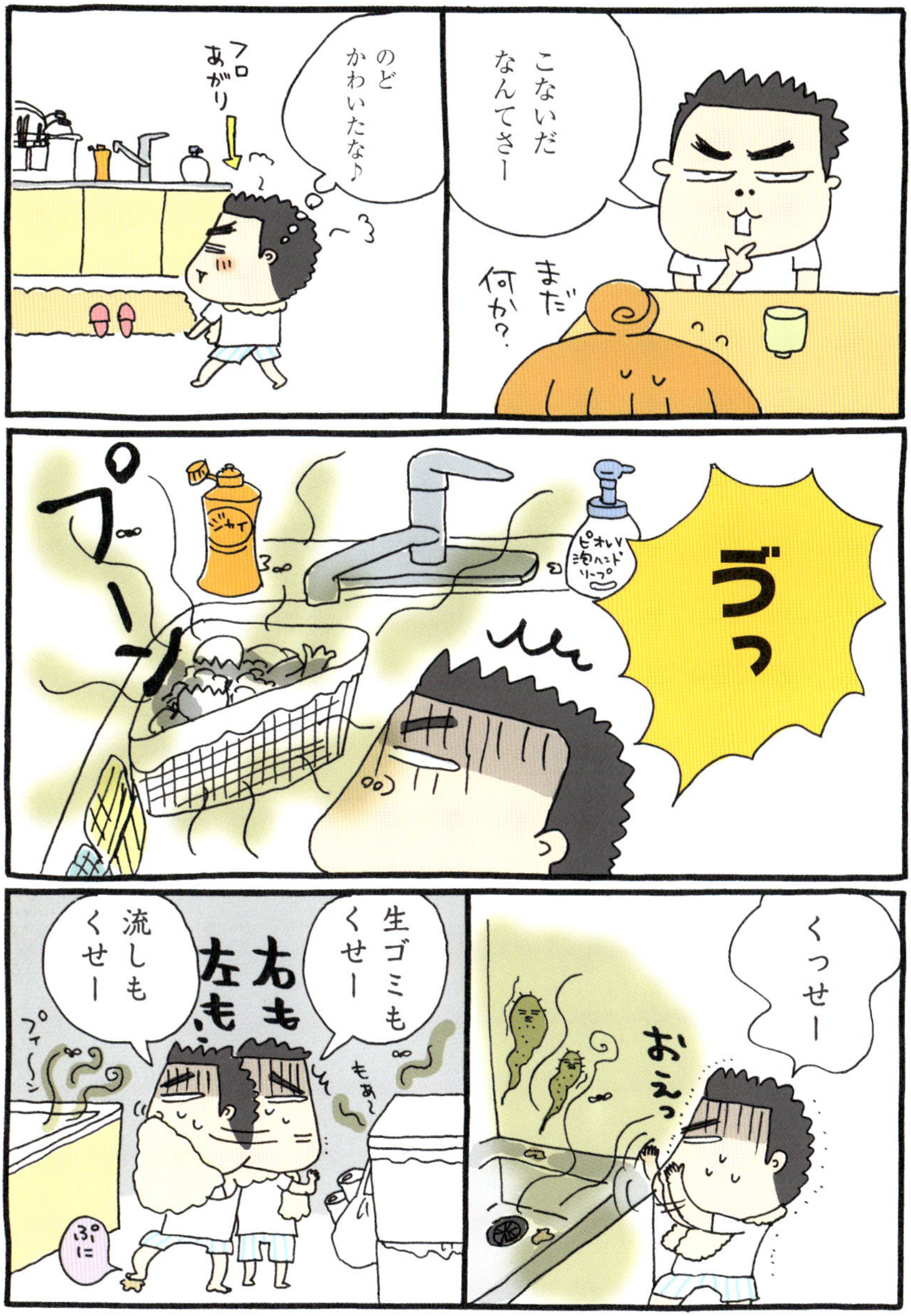
こないだ
なんてさー
まだ
何か？
のど
かわいたな♪
フロ
あがり
～з
ゔっ
プーン
ジャイ
ピオレV
泡ハンド
ソープ
くっせー
おえっ
生ゴミも
くせー
右も
左も
流しも
くせー
もあ～
プィ～ン
ぷに

おまけになんかふんだ〜〜っ
うわー
ぐにょっ
ホント家にいたくなかったぜ
……
フー
これじゃあ神さまなんてうちにはいないだろ
ひいっ
汚い!!
ゔっ
くさっ!!
生ゴミ
もうこの家ちょっとムリ…
さいなら〜
ガーン
神が…
金運が…

数日後
カッ
【すぐ落ちくん】
ガッ
ガッ
たしかに こんなに 汚かったら 神さまも 逃げたく なるよねっ
ガシュ
ガシュ
ハッ!!
消臭
消臭
シュッ
ちゃんときれいに してたらうちにも 神さま来てくれるかな～
ジャー
ゴシゴシ
フム…

あっちも
こっちも

神さま不在の家が急増中！

最近ツイてないあなた！　部屋はきれいですか？

新しい部屋や家には、清々《すがすが》しい空気が流れています。青い畳、ピカピカのガラス窓。いるだけで、体も心もクリアになるよう。それはその家に神さまがきているからなのです。

日本には、八百万《やおよろず》の神さまがいると信じられてきました。山や川、木や風など万物に神さまがやどるのです。家の場合も、キッチンや浴室では水や火を使います。そこには水の神や火の神がいます。家中の換気は風の神さまが手助けしてくれます。私たちが安全に健康に過ごせるのは、神さまが家にやどり見守ってくれているから。実は**神さまは、家に新しい住人がやってくると必ず訪れ、家そのものや住人を守護してくれる**のです。

しかし、最近では、その神さまがいなくなってしまうということが起きているようです。「最近、何だかツイていない」「どうも、思い通りにいかない」。そう感じるときは要注意。神さまが家から出ていってしまったのかもしれません。掃除を怠り、家を粗末にすることは神さまを粗末に扱うことにつながるのです。

風通しが悪く、ジメジメやカビ、ヌルヌル、ほこりの山がありませんか。少しでも不調を感じることがあれば、ぜひ、家の中をチェックしてみてください。

神さまがいなくなる汚部屋をチェック！

リビング

みんなが集まるリビングは、神さまが家族を見守る絶好の場。ものがあふれ風通しが悪いと、空気がよどみ、ほこりやゴミなどの「けがれ」がたまります。

窓がふさがって
空気の入れ替えが
できない！
夕張
メロン
ダイエット
やせる!
ソファの上に
衣類がたまって
座れない！
雑誌や新聞が
読んだままの状態！
使ったカップやお皿が
置きっぱなし！
ゴミ箱がゴミで
あふれている！

玄関

神さまは玄関から訪れます。ここが汚いと家に入る前に神さまが逃げてしまいます。お客さま目線でのチェックが大切。

靴箱の周辺が
物置に！
かさ立てに
不要なかさが
いっぱい！
靴箱がくさい！
たたきに靴が
散乱している！
靴の土汚れが
そのまま！

トイレ

汚いものを浄化してくれるトイレは、ほこりなどもたまりやすい場所です。便器の汚れやにおいはもってのほか。

トイレット
ペーパーが
袋に入ったまま！
手拭きを
取り替えていない！
洗剤が
液だれしている！
床にほこりが
たまったまま！
便器内に黒カビや
赤カビ！

キッチン

本来、食品を扱うキッチンはいちばん清浄でなければいけないエリアです。汚れがたまりやすい場所でもあるので、一度、リセット掃除をして神さまを呼び戻しましょう。

排水口が
ヘドロ状態！
食器棚の中が
ぐちゃぐちゃ！
洗わずに
放置した食器！
床にゴミやほこりが
落ちている！
ガス（ＩＨ）台が
油でベトベト！
食器を洗ったまま
しまわない！
生ゴミの
においがする！

どうして？

神さまがいないとツキが悪くなる理由

神さまは「けがれ」を避けるきれい好き

私たちは、日々たくさんの神さまに守られていますが、こうした神さま方は、きれいな場所が大好きです。もともと**日本という国は、「お清め」という掃除の歴史から始まりました。**

まだ年号もできていなかったはるか大昔。「伊邪那岐命《いざなきのみこと》」という神さまが、死者の住む黄泉《よみ》の国から帰ってきたとき、「穢《きたな》き國《くに》に到《いた》りてありけり」（汚い国に行ってしまった）となげくシーンが『古事記《こじき》』にあります。そうして、死者のけがれがついた杖や冠を投げうつと、そこから12の新しい神さまが生まれました。

装飾や着物を振り落とした伊邪那岐命は、さらに九州の海で体を洗いました。左目を洗うと「天照大神《あまてらすおおみかみ》」という太陽の女神が、右目を洗うと「月読命《つくよみのみこと》」という月の神さまが、鼻を洗うと「須佐之男命《すさのおのみこと》」と、合わせて14の神さまが誕生しました。このとき、けがれのついた状態から誕生した神さまには、「大禍津日神《おおまがつひのかみ》」の「禍《か》」などのように災厄を意味する文字が当てられます。

体を清めると、神さまが出現する。このパワーへの信心は今も続いています。神事の配役が決まると一年間毎日早朝、海にみそぎに行かなければならないとする神社があります。雪の降る真っ暗な日本海でこの風習を続けている島根県の美保神社では、そうやって祭りの日に神さまがのりうつるのだそうです。これがみそぎパワーです。

汚れた場所には災厄の神さまがやってくる

人が家に入るときは、外の塵も一緒に連れてきます。塵は家の中に入るとタンスやテレビ、床の上へ自然に落ちます。それが人の髪や皮脂とからんで綿ぼこりになり、水などによって付着し、目に見える汚れとなっていくのです。

こうした汚れのあるところに、けがれを嫌う神さまはやってきません。**みそぎやお清めが必要なのは、人の体だけではない**のです。**けがれ、よどみのある場所には、守護神の代わりに災厄の神さま（P46参照）がやってきます**。この神さまは、住人のやる気をなくさせ貧乏にしたり、病気にさせたりします。そうしてはかりしれない災厄をもたらすことになるのです。

一挙大公開！

昔から家を支え続けている神さまたち

おうちの神さまは、古い時代から私たちを見守ってくれています。どんな神さまがいるのか、古来から伝わるおうちの神さまの物語をひもといてみましょう。

家の土地を司る産土神《うぶすながみ》と土公神《どこうじん》

たとえ家を土地つきで買ったとしても、その土地はあなたのものではありません。土をお作りになった神さまからお借りしているのです。そこで、**家やマンションを建てたり改築したりするときは、土を掘り起こしていいか、産土神《うぶすながみ》におうかがいする地鎮祭《じちんさい》が行われます。**古くは持統天皇の時代（６９１年）から行われていました。

産土神のほか、土公神《どこうじん》も家の土を司ります。春は台所の床（昔の台所の床は土間といい、土でできていました）、夏は門、秋は井戸、冬は庭にいます。秋に井戸を工事したりすると、井戸にいる土公さまの怒りを買い、たたりがあるとされてきました。季節ごとに動かしてはいけない場所、動かしていい場所があります。

土公さまは、土にはびこる虫や雑草などを取り除き、きれいにすると喜んでくださいます。ただし、土用の期間中（立夏・立秋・立冬・立春直前の18日間）に土いじりを始めるのはタブーとされているので、注意が必要です。

火を司るかまど神

ガスや電気のなかった頃、日本の家には土や石で固めたかまどがありました。かまどにごはん釜や鍋をかけて、薪で火を起こし、調理したのです。家庭の象徴のようなあたたかい場所である一方、当時の日本家屋は木と紙で作られていたためたいへん燃えやすく、類焼もしやすかったため、火事を出すと七代たたる、などと言われていました。**火は生きていくうえでなくてはならないものですが、反面、恐ろしいもの**でもあったのです。

そこで、人々は、かまどの神さまを大切にするようになりました。**お札をかまどのそばに貼り、神さまを怒らせない**よう燃えやすい炭のくずなどを片づけ、食べ物も、できるだけゴミを出さないようにしたものです。何よりも恐ろしいのが火事だったので、かまどの神さまこそが家の守り神だとする地方、家もあります。

台所を守るのは大黒さま

伊邪那岐命《いざなきのみこと》が体をきれいに洗うみそぎをして、天照大神《あまてらすおおみかみ》・月読命《つくよみのみこと》・須佐之男命《すさのおのみこと》という三姉弟の神が成りました（P28参照）。このうちいちばん暴れん坊だったのが、末っ子の須佐之男命。姉の天照大神をおののかせて、神々の住む天上界（高天原《たかまがはら》）を追放されてしまうほどでした。

ふるさとを追われた須佐之男命は、のちの妻となる櫛名田比売《くしなだひめ》と旅先で出会います。八《や》岐大蛇《またのおろち》に食べられるところだった姫君を、須佐之男命が剣で大蛇を切り裂いて救います。姫君は、命を助けてくれた須佐之男命に恋をし、やがてふたりは結婚。子どもが生まれ、その子がまた子を生み、六代目に、大穴牟遅《おおなむじ》という神が成りました。大穴牟遅神はたくさんの兄弟とうまく渡り合って日本という国を作りました。そこで、大国主神《おおくにぬしのかみ》と呼ばれるようになります。

勇気と慈悲をあわせもつ**大国主神は、七福神の一人「大黒天」と合わせてお祀りされることが多い**ようです。大黒天は、もとはヒンズー教の「マハーカーラ」でした。それが中国を経由して日本に入ってくると、「大黒」と大国主神の「大国」は同じ読みができるので、同一の神とも考えられるようになりました。**大黒さまは、豊穣の神、商売繁盛の神、子宝の神、縁結びの神**などとして、たくさんの神社に祀られています。

大黒さまと一緒に祀られる恵比須さま

豊穣の神である**大黒さまとペアで祀られてきたのが恵比須さま**です。「えびす」とは異国の人という意味。伊邪那岐命と伊邪那美命《いざなみのみこと》との間に最初に生まれた水蛭子《ひるこ》だとする説や、大国主神の子である事代主神《ことしろぬしのかみ》だとする説もあります。タイと釣り竿を持つ姿から、**大漁をもたらす漁の神**としても知られています。**外から福をもたらす神なので、「福の神」ともいわれます**。

また、変わった役割もあります。神無月《かんなづき》という、旧暦の10月（現代では11月頃）は、ほかの神さまが来年の予定を決める寄り合いに、神さまのふるさと・出雲（島根県）に里帰りしてしまうのです。こんなに神さまが出払ってしまっては大変……というわけで、恵比須さまが、特例で留守番をしてくれるともいうのです。

10月や1月の20日には、「恵比須講」といって、恵比須さまと大黒さまにごちそうをお供えし、祀る風習もありました。1月にかせぎに出かけ、10月に帰ってくるという言い伝えもあり、お客を呼ぶので、**商売繁盛の神さまともいわれています**。

命の綱、水神《すいじん》さま

誰もが田畑を耕していた時代には、田畑をうるおす水は、まさに命綱でした。また、水道がなかった時代、家で使う水は井戸から汲んでいました。そうした川や井戸を守る**水神《すいじん》は、私たち日本人の生活にとっては、欠かすことのできない大切な神さま**でした。

日照りが続くと、昔は聖なる山に霊水を汲みにいったり、雨乞いの踊りを踊ったりしました。川でいたずらをすると、水神の使いである河童に水の中に連れ込まれるという話も各地に残っています。

万物に降りそそぐ女神、天照大神《あまてらすおおみかみ》

伊邪那岐命《いざなきのみこと》の左目から生まれた**天照大神《あまてらすおおみかみ》は万物を照らす太陽の化身であり、日本神道の最高峰**として祀られています。『古事記』には、暴れん坊の弟、須佐之男命《すさのおのみこと》をいやがって天照大神が岩戸に隠れたとき、世界が真っ暗になったことが記されています。

太陽の力が弱くなる冬至のころには、木々は枯れ、人間も疲れ、神々の力も弱まると考えられていました。そこで、どうにかして太陽に出てきて欲しいという思いが、歌や舞などの芸能を生んだとされています。芸能は人間が楽しむためのものではなく、神さまに捧げ、災厄の神を抑えつけるためのものなのです。

つねに家を守る屋敷神《やしきがみ》

敷地内に住んで、家を守る神。**家によって、稲荷《いなり》、八幡《はちまん》、さらには弁天、観音とさまざまな神仏が屋敷神とされています。**そうした神さまは住む人が変わっても、同じ場所に居続けるといわれます。

岩手県などでは、「座敷童子《ざしきわらし》」という妖怪が有名で、これもまた、家を守る神さまが形を変えた姿ともいわれます。こちらはときとして出ていったり、戻ってきたりすることがあります。出ていくときは、立てかけてあったはずのほうきが倒れているなどの不思議なことが起こり、その日から家運はかたむいていきます。

どんなことも率先するトイレの神さま

沖縄の伝承では、神々が家の各所の守り神を決める際、**トイレを担当する神さまがなかなか決まらなかったところ、自ら名乗り出た神**がいたと伝わっています。その神は、もっとも美しい神さまとも、もっとも偉い神さまともいわれており、ほかの者がいやがることを率先して引き受けたことから、**家の繁栄や女性の美を司る**とされています。

トイレを掃除すると「お宝を授かる」などといわれてきました。その「お宝」とは子どものことです。昔の女性は、嫁ぎ先の敷居をまたぐとすぐに、トイレと台所の神さまにあいさつしたそうです。

神さまパワーが全開！

お掃除してみた！ みんなの運気アップ体験

お掃除の道具であるほうきは、ゴミを掃くだけではなく、邪気をも掃いて（祓って）くれます。お掃除で家の中のけがれ、よどみを取り除けば神さまのご利益が上昇！

● 水まわりをきれいにすると良縁に恵まれると祖母から聞き、その日からお風呂やトイレを徹底的に掃除しました。3カ月後に今の夫と知り合い、1年後には結婚しました。（28歳・主婦）

● 今まで妻に任せていた粗大ゴミのまとめを私がすることに。ゴミを持っていってもらった後、商店街の抽選会に行ったら商品券が当たりました。（35歳・営業）

● 夫の実家はお金持ちで、家はきれいに片づいています。事業が成功しているうえに、懸賞も当選します。一方、私の実家はいつもぐちゃぐちゃ。そして貧乏。両家を見比べると、掃除で運気がアップするって本当にあるんだなと思います。（50歳・会社員）

● フリーの仕事が激減したとき「仕事がほしい」と思いながらトイレ掃除をせっ

せとしていたら、まさにそのとき、クライアントから電話がかかってきました。（32歳・イラストレーター）

●お風呂を掃除しながら、終わったらシュークリームが食べたいな……と思っていたら、隣りの人が「手作りした」ってシュークリームを持ってきてくれたんです。びっくりしました。（21歳・学生）

●不要な物を捨てたらちょっと痩せました。旦那にもすすめたら、職場の机とロッカーをきれいにしていました。会社の売上が上がったそうです。（48歳・主婦）

●就職超氷河期。企業の最終面接で落ちたので、少しでもよい気が入るように、玄関を掃き、掃除機をかけ、家に風を通すことだけは、忙しい日も必ずやるように。特に玄関は念入りに。ひと月後、内定をもらえました。（26歳・会社員）

●壮絶な汚部屋に引きこもって数年。少しずつ片づけはじめました。部屋がマシになるにつれて人間らしさを取り戻していく気がします。（20歳・無職）

●掃除機しか使っていなかったのですが、拭き掃除が大切と聞いて、余分なものは片づけて、床や家具を古布で拭くようにしました。半年後、長い間悩まされていた皮膚炎が完治。もしや、掃除機では退治できないダニがいたのかも……。掃除はやり方も大切ですね。（40歳・会社員）

Kamisama Column
神さまコラム

怖い神さまってどんな神さま？

家にやってくる神さまは、幸運をもたらしてくれる神さまだけではありません。けがれやよどみの多い家には、そういったものを好む神さまが訪れます。

あなたの家はどうでしょう。災厄を呼ぶ怖い神さまがいませんか？

貧乏神

家や人にとりついて貧乏にする貧乏神は、不浄のものがあふれている家を好みます。大晦日の夜にいろりで火を焚くと逃げていくと伝えている地域もあります。大掃除をして年神さまを迎えれば、貧乏神もいつのまにか消えていきます。

疫病神

流行病をもたらす悪神です。お清めすることで疫病神は家に入ることができません。掃除によって室内を清らかで清浄な場所にし、疫病神の侵入を防ぎましょう。疫病神を祀りもてなすことで退散させるお祭りなどもあります。

鬼・怨霊

疫病神と同じように、病気や災厄をもたらします。ほこりやカビが舞う空間は、普段から病原菌を体の中に取り込んでいるようなもの。病気をもたらし、悪い気を運びます。

第2章

部屋別神さまお掃除術

神さまパワーがみるみる高まる！

おっ
めずらしく掃除してんの？
ゴソゴソ
んふ
宝くじ買ったから当たるようにトイレの神さまにお願いしてんの
ふきふき
家がきれいになるからいいけど…
現金なやつだナー
なんだそういう事かよ！
お金目当てに掃除って逆にバチ当たりそうだけどな
何か言った？
どんだけ金に心うばわれてんだよっっ
まずはささっと便器を拭いてみよー
フキフキ
トイレおそうじシート

おおっ
ちょっと便器を拭いただけできれいになった！
床も拭いておこう
見て見てのぶちーすごい汚れてたよ！
ギョッ
おおっスゲー‼
ピカ
ピカ
みちがえたー
トイレ掃除って汚いし面倒くさいって思ってたけど……きれいになると気持ちいい

さ〜
終わったぁ〜
残すは
毎日
みないフリ
しちゃう
ココね……
おいっ
まだ残って
るだろ
毎日
お世話になってた
のに……
今まで
邪険にしてて
ごめんなさい
ぷり
ぷり
今まで
うんことか
体の汚いものを
流してくれて
本当にありがとう
おいっ
前置きは
いいから
はやく
便器の中
洗えよ！
はい

よし！やるぞ！
ガッ
パカッ
!?
カキ
カキ
アレ？
アレ？
とれない…
とれない…
がしがしがし
何この黒ずみこの黄ばみ
プルプル
ここまでだったとはー
ガーン
今まで掃除しなさすぎて全然落ちない！
ヘルプー!!

おうちの神さまプロフィール

お掃除することで家を守ってくれる10の神さまを紹介します。

福を授ける神

大年神《おおとしがみ》

年明けの1月1日に来訪します。門には松を飾り、神棚にはおもちを供えておもてなししましょう。

【誕生】

『古事記』では、須佐之男命《すさのおのみこと》と神大市比売《かむおおいちひめ》との間に生まれたのが大年神《おおとしがみ》です。また日本の伝統的な考え方では、自分たちの祖先の霊が近くの山にいて、正月になると年神として子孫の家を訪れるともいわれています。

【性格】

まっ白な鏡もちなど、きれいなものや丸いものが大好き。家族みんなを見守るおおらかな神さま。ニコニコ顔でおだやか。

【ご利益】

穀物神のため、五穀豊穣、無病息災、家内安全など。年末に大掃除をして新年に年神さまをお迎えすると、1年間、家や家族を災いから守ってくれます。お正月に用意する祝いばしは、神さまの力にあやかるために、神さまと一緒におせち料理を食べるためのものです。

家全体を守る神

天照大神《あまてらすおおみかみ》

天地を照らし、植物を成長させ、飢餓や疫病などの災いを一掃してくれる神さまとして太古から君臨します。

【誕生】
日本神話には「天照大神《あまてらすおおみかみ》」として登場しますが、世界各地でも何千年も前から、太陽は神の化身とされてきました。天照大神が降臨したとき、鶏は喜びの声をあげて迎えたのだそう。

【性格】
普段は女性らしく機織りを仕事としていますが、乱暴者の弟、須佐之男命をこらしめるときには、髪を結び男装して対峙する神話があります。強さと優しさが同居する姿は理想の女性そのもの！

【ご利益】
天照大神を主祭神とする伊勢神宮（三重県）は日本最大のパワースポット。衣食住をはじめ、あらゆる産業を守《も》り立ててくれます。日本という「家」を守ってくれるという考え方もあり、皇室の祖神でもあります。

台所を守る火の神

三宝荒神《さんぼうこうじん》

鍋やフライパンを載せるかまど（現代では調理コンロ）にいて、調理の火が暴れたり、急に消えたりしないよう守ってくれます。

【誕生】

もともと祟りやすい荒ぶる神さまとして考えられていて、陰陽師や山伏たちが鎮めるためのお祓いをして回っていました。不浄をきらうため、かつて、家の中でもっとも清浄が求められたかまどに、やどるようになりました。

【性格】

3つある顔はすべて頭髪を逆立て怒った表情です。悪いことが許せない激しい性格で、かまど（調理コンロ）に子どもが乗ると、怒って突き落としたりすることも。

【ご利益】

大切にすると料理がおいしくなる、台所に家族が集まってきてなごやかになる、子どもがよくお手伝いしてくれるなど。三宝荒神《さんぼうこう》神《じん》を怒らせないよう、年末にはしっかり大掃除をして清めます。

家中の炎を司る火の神

火之迦具土神《ひのかぐつちのかみ》

台所、お風呂、食卓にともるキャンドル、神棚の灯明など、家中のあらゆる火を司り、災いから守ってくれます。

【誕生】

伊邪那岐命《いざなきのみこと》と伊邪那美命《いざなみのみこと》の子として生まれますが、火の神であるため出産時に伊邪那美命にやけどを負わせ死なせてしまいます。そのため、伊邪那岐命の怒りを買い、殺されてしまいます。

【性格】

火は恐ろしいけれど、人間がコントロールすることもできるものです。火之迦具土神《ひのかぐつちのかみ》の「迦具」は、「輝き」「かぐわしい」の語源にもなっています。扱いしだいでよくも悪くもなる神さまです。普段から火の扱いに注意することが大切です。

【ご利益】

しっかりお祀りすれば、火災や盗難から家を守ってくれます。台所や浴室など、火が関係する場所を清浄にしておくことで神さまの怒りを鎮められます。

台所を守る穀物神

宇迦之御魂神《うかのみたまのかみ》

お稲荷さん（稲荷神）とも呼ばれる穀物の神です。台所や食糧の貯蔵庫、冷蔵庫などを守ってくれます。

【誕生】

須佐之男命《すさのおのみこと》と神大市比売《かむおおいちひめ》との子で大年神《おおとしがみ》を兄とし、女神ともいわれています。伊邪那岐《いざなきの》命《みこと》と伊邪那美命《いざなみのみこと》が飢えて倒れたときに、現れたいい伝えも。穀物神の中でも、もっとも霊力が強く、天照大神《あまてらすおおみかみ》の食事を司りました。

【性格】

稲荷神はインド発祥の仏教が日本に入ってきたとき、鳥獣を食べる羅刹《らせつ》・ダキニ天と結びついて、怖い夜叉のように伝わりました。狐を使って人にとりつくともいいます。これも強い生命力のなせる技でしょう。

【ご利益】

お使いの狐で知られる稲荷神社や祠《ほこら》が日本中にあり、日本人にとってはもっとも身近な神さまといえるでしょう。生命力の強さから、夫婦のきずなを強め、豊穣・商売繁盛の神さまとして愛されています。

五穀豊穣の神たち

恵比須・大黒

恵比須は漁、大黒は豊作の神さま。二神あわせてお祀りし、家も仕事も栄えるよう一度にお祈りします。

【誕生】

大黒はインドから伝わり、厨房（キッチン）の神とされるようになりました。日本の大国主《おおくにぬし》という神さまと混同されたりもしています。恵比須は日本在来の神で、現在はどちらも、おめでたい七福神として信仰されています。

【性格】

きれい好きで、腐った魚や肉などはにおいだけでもいやがります。そのため食物が傷みやすい夏は大の苦手。好きな季節は秋。

【ご利益】

台所、冷蔵庫、食卓など食べ物のあるところにやどります。キッチンやダイニングをきれいにすると、お米が減らず、良縁に恵まれるといわれます。恵比須・大黒を祀るくじ売り場からは大当たりが出ることがあります。

雨も司る水の神

弥都波能売神《みづはのめのかみ》

キッチン、洗面所、お風呂などの水まわりにいるほか、雨や海も司る命の源を与える女神です。

【誕生】

伊邪那美命《いざなみのみこと》が火之迦具土神《ひのかぐつちのかみ》を産み、陰部のやけどで苦しんでいたとき、尿から生まれたのがこの神さまです。名前の「みづは」は「水つ早」とも書きます。水のほとばしるときに生まれたという意味で、水を司る神です。

【性格】

きれいな水の出る村には乙女の姿で現れて、草の繊維と水を使って紙の漉《す》き方を教えたといいます。面倒みがよく、洗濯の方法や、水田の作り方なども教えてくれる家庭的な面のある神さまです。

【ご利益】

水の湧くところは生命の源を感じさせ、家事を担う女性が集う場所でもあります。そのため女性や子どもに関わるご利益があり、子宝・安産、女性の美などを司ります。

トイレを守るきょうだい神

波邇夜須毘古神《はにやすびこのかみ》
波邇夜須毘売神《はにやすびめのかみ》

祭事用の道具を作る粘土を持つ土の神。土は大便に似ていることからトイレにやどる神として広まりました。

【誕生】

水の神と同様、伊邪那美命がやけどをした際、大便から生まれたきょうだい神。土の神として田畑も守護しています。仏教ではウスサマ明王《みょうおう》をトイレの神と考えています。また、トイレはあの世とつながっているとも考えられていて、地獄の王たちがトイレの神とされることもあります。

【性格】

日本神話の中では田畑を守る優しい神さま。ウスサマ明王のほうは、「不浄を清浄に変える激しい性格の神」と伝わっています。

【ご利益】

トイレをきれいに掃除するとお金が回り出します。土の神さまでもあるので、陶器（便器）を磨くと特によいようです。女神もいるため、女性の美や恋愛・結婚運にもパワーを発揮してくれます。

納戸神《なんどがみ》

蔵、納戸、米びつ、現代なら寝室のたんす、押入、クローゼットなど財産の隠してあるところにやどります。

【誕生】家の中でもっとも奥の部屋は一番重要な空間とされていました。しかし、しだいにその重要性が忘れられ、布団などをしまう納戸として使われるようになりました。奥まった暗いこの空間にいる神さまは、ときとして妖怪に見られることもあります。

【性格】いつも薄暗がりで静かに見守る。一家の主婦以外には心をゆるさず、大切なものを隠したりします。まして他人（泥棒）が入ってきたりしたらとんでもない。ものを落としたり割ったりして大騒ぎ。不要なものがあふれすぎると出ていってしまいます。

【ご利益】家の中にカビが生えないよう定期的に風を通し、整理整頓をすることで、神さまの居場所ができ、財産が守られます。

風を司る神

志《し》那《な》都《つ》比《ひ》古《この》神《かみ》

家の戸や窓を開け放つことで、風の神が動き出します。悪い空気であるよどみやほこりを吹き飛ばしてくれます。

【誕生】母は伊邪那美命《いざなみのみこと》。伊邪那岐命《いざなきのみこと》が霧を吹き払った息から生まれたといういい伝えもあります。名前の「しな」は息が長いという意味。

【性格】風は志那都比古神《しなつひこのかみ》の息だといわれます。台風を起こし、稲穂をなぎ倒し、船を転覆させる一方、風がなければ、稲は受粉せず船は動きません。とても気まぐれで、特に作物の実る秋に暴れるため、全国各地で風祭りを行って鎮めます。

【ご利益】カゼは「風邪」とも書くことから、しっかり祀って送り出さないと、災いをもたらします。「風通しをよくする」「風向きが悪い」など、風を使った慣用句が日本にはたくさんあります。人間関係をよくしたり、運を変えたいときも活躍します。

神さまがやどる部屋を徹底解剖！

どの部屋にどんな神さまがいるのでしょうか？
神さまが喜んでくれる部屋はどんな空間でしょうか？
清らかで、けがれやよどみのない神さまのやどる家をのぞいてみましょう。

玄関

守ってくれる神さま

【大年神・天照大神】家全体を守ってくれる幸運の神たち
【志那都比古神】風を送ることで空気を浄化させ、幸運を運んでくれる

その家、独特のにおいがしない
たたきは、土ぼこりがなく、拭き掃除がされている
不必要なものがなく、厳選したものだけを置いている
ドアノブが磨かれている

和室

守ってくれる神さま

【大年神・天照大神】家全体を守ってくれる幸運の神たち
【志那都比古神】風を送ることで空気を浄化させ、幸運を運んでくれる
【納戸神】財産を守って金運を上げてくれる

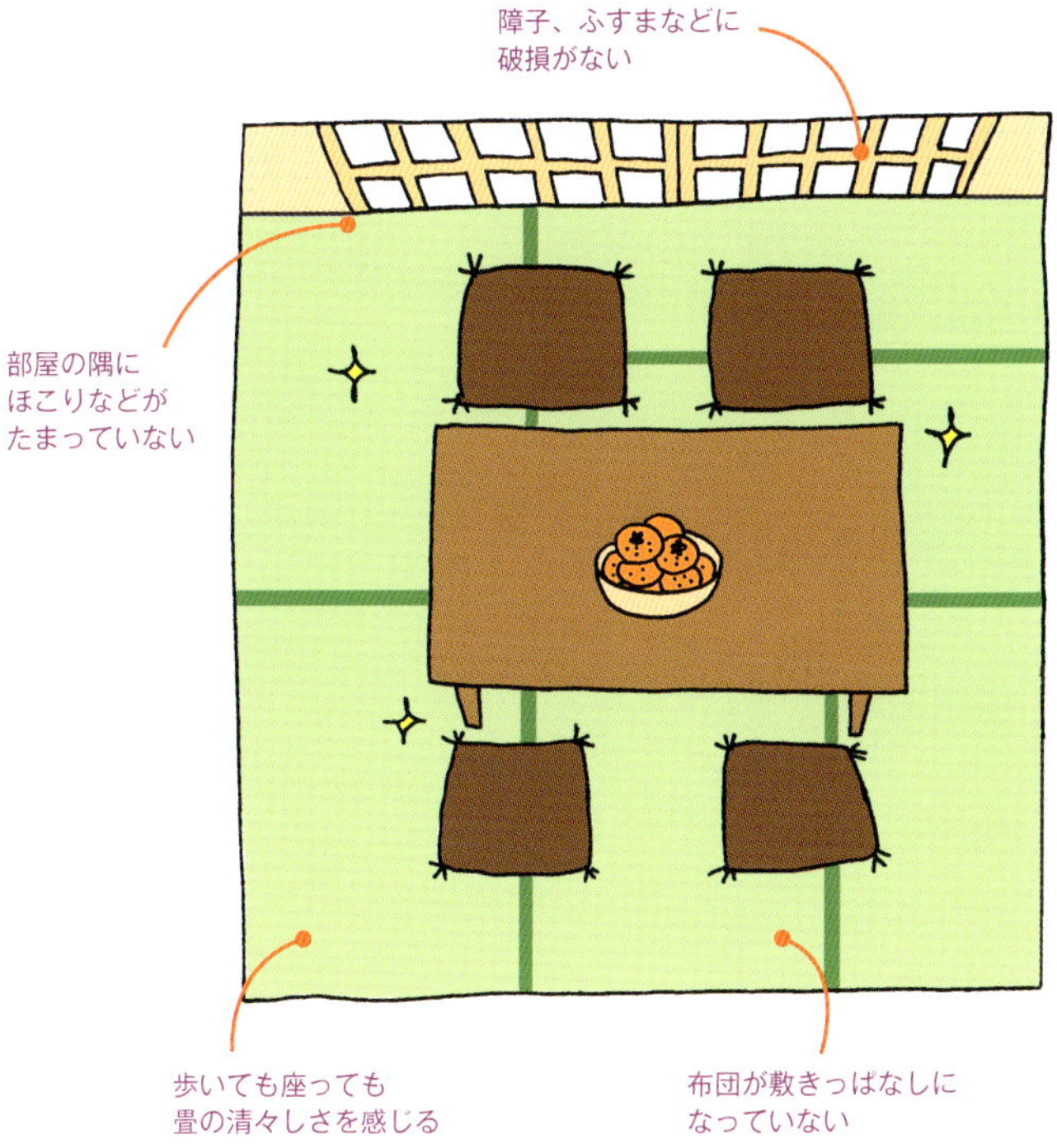
障子、ふすまなどに
破損がない
部屋の隅に
ほこりなどが
たまっていない
歩いても座っても
畳の清々しさを感じる
布団が敷きっぱなしに
なっていない

洋室

守ってくれる神さま

【大年神・天照大神】家全体を守ってくれる幸運の神たち
【志那都比古神】風で空気を浄化させ、幸運を運んでくれる
【納戸神】財産を守って金運を上げてくれる

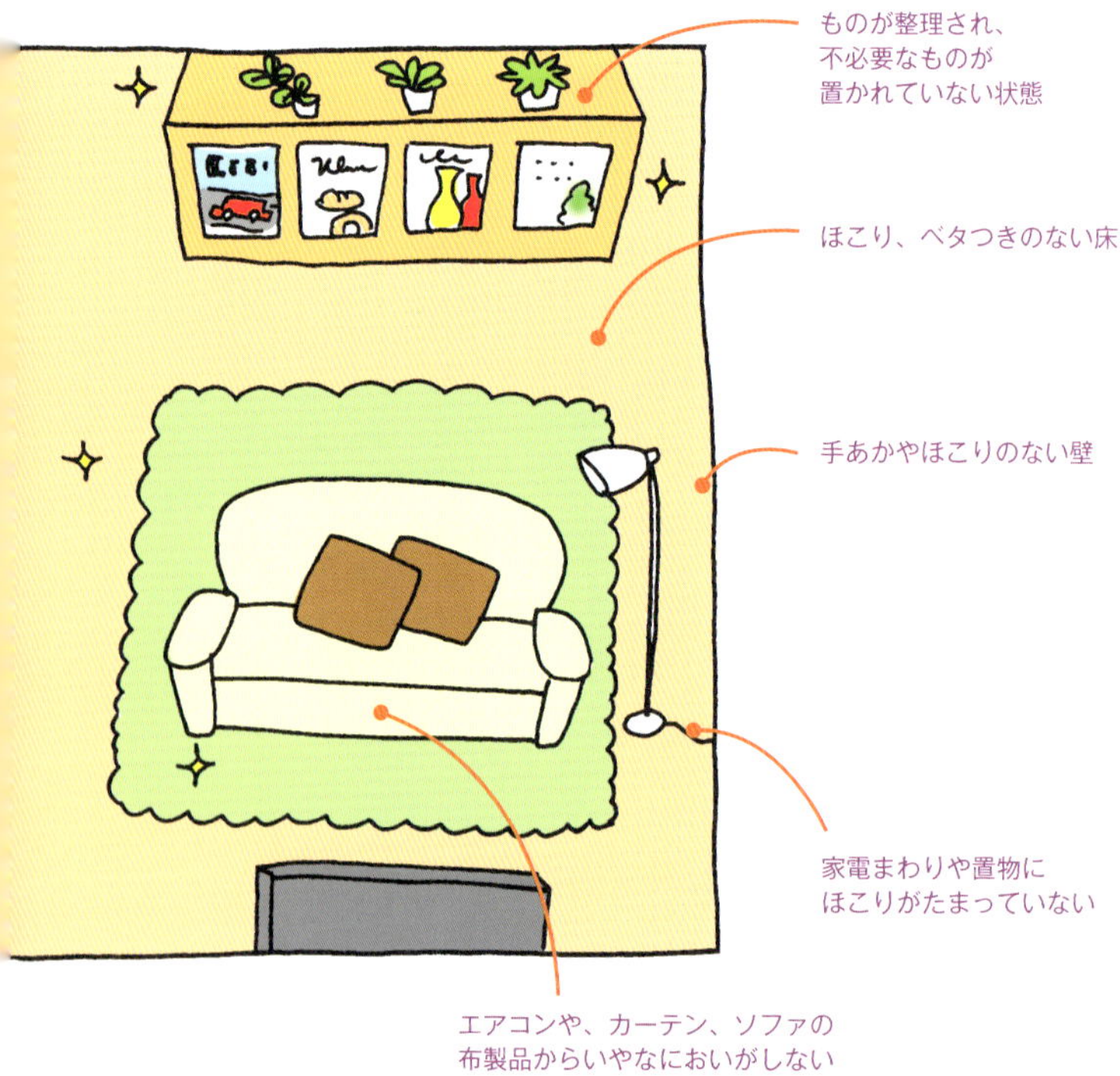

ものが整理され、
不必要なものが
置かれていない状態
ほこり、ベタつきのない床
手あかやほこりのない壁
家電まわりや置物に
ほこりがたまっていない
エアコンや、カーテン、ソファの
布製品からいやなにおいがしない

キッチン

守ってくれる神さま

【三宝荒神】台所の火を守り、火事を防いでくれる
【弥都波能売神】大切な水を守り、仕事運を向上させてくれる。
安産祈願にもよい
【恵比須・大黒・宇迦之御魂神】財産・健康などを守ってくれる豊穣の神たち

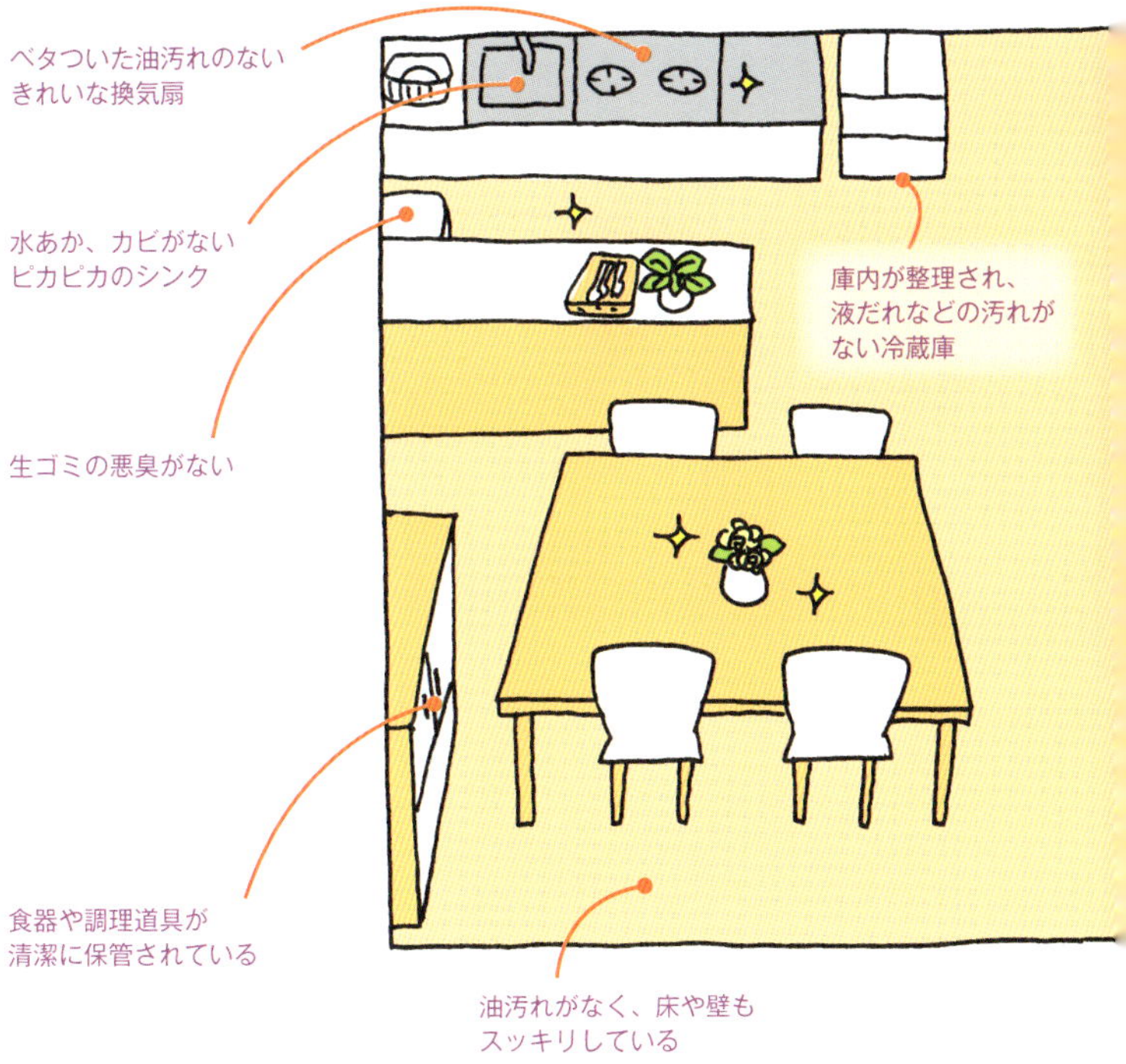
ベタついた油汚れのない
きれいな換気扇
水あか、カビがない
ピカピカのシンク
庫内が整理され、
液だれなどの汚れが
ない冷蔵庫
生ゴミの悪臭がない
食器や調理道具が
清潔に保管されている
油汚れがなく、床や壁も
スッキリしている

洗面・脱衣所

守ってくれる神さま

【弥都波能売神】仕事運の向上、女性の美や恋愛運アップ

【志那都比古神】風で空気を浄化させ、幸運を運ぶ

トイレ

守ってくれる神さま

【波邇夜須毘古神・波邇夜須毘売神】

金運アップに加え、女性の健康・恋愛・結婚運も向上

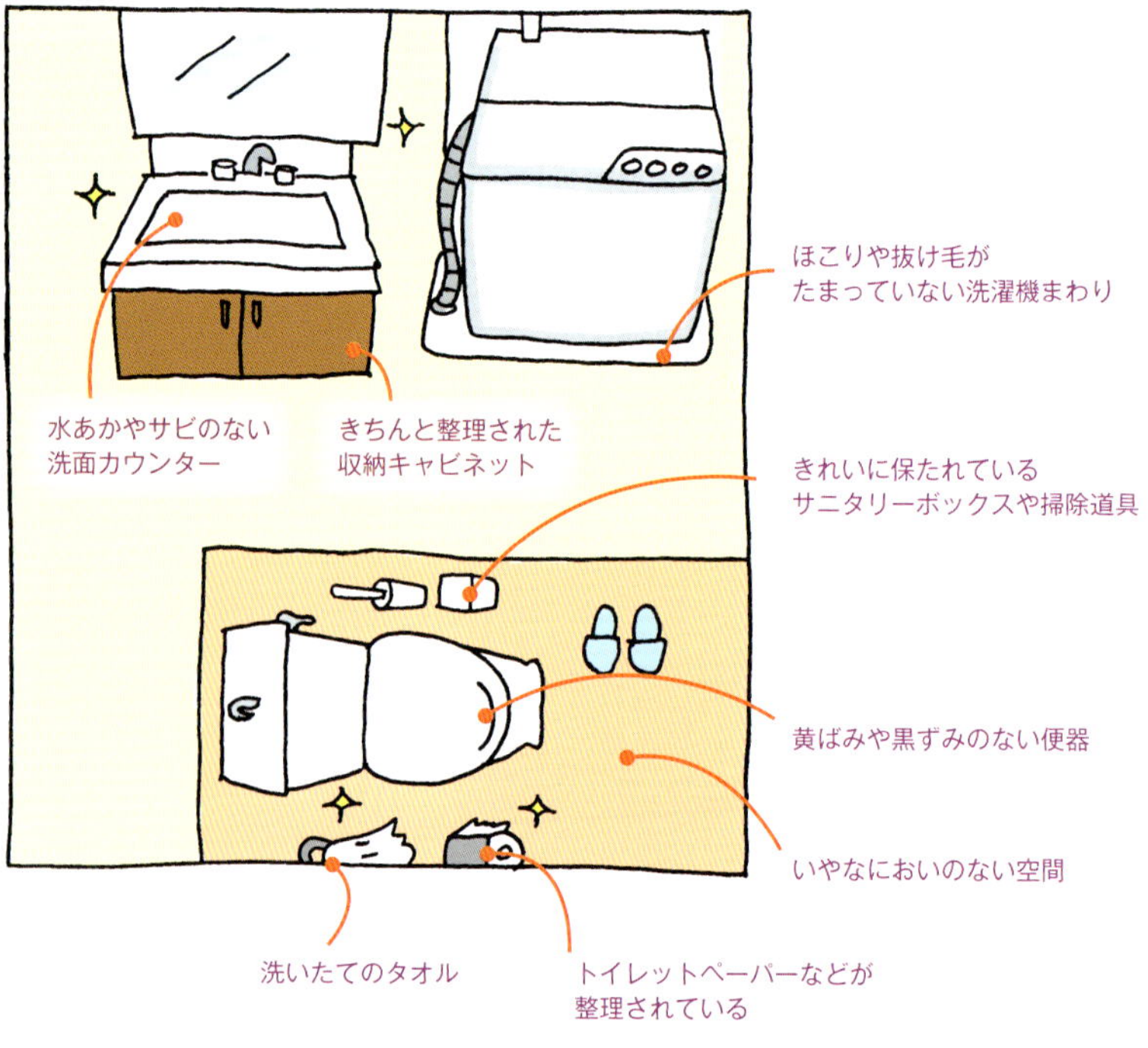

ほこりや抜け毛が
たまっていない洗濯機まわり
水あかやサビのない
洗面カウンター
きちんと整理された
収納キャビネット
きれいに保たれている
サニタリーボックスや掃除道具
黄ばみや黒ずみのない便器
いやなにおいのない空間
洗いたてのタオル
トイレットペーパーなどが
整理されている

浴室

守ってくれる神さま

【弥都波能売神】仕事運の向上、女性の美や恋愛運アップ。
安産祈願にもよい
【火之迦具土神】火災や盗難などから家を守ってくれる
【志那都比古神】風で空気を浄化させ、幸運を運ぶ

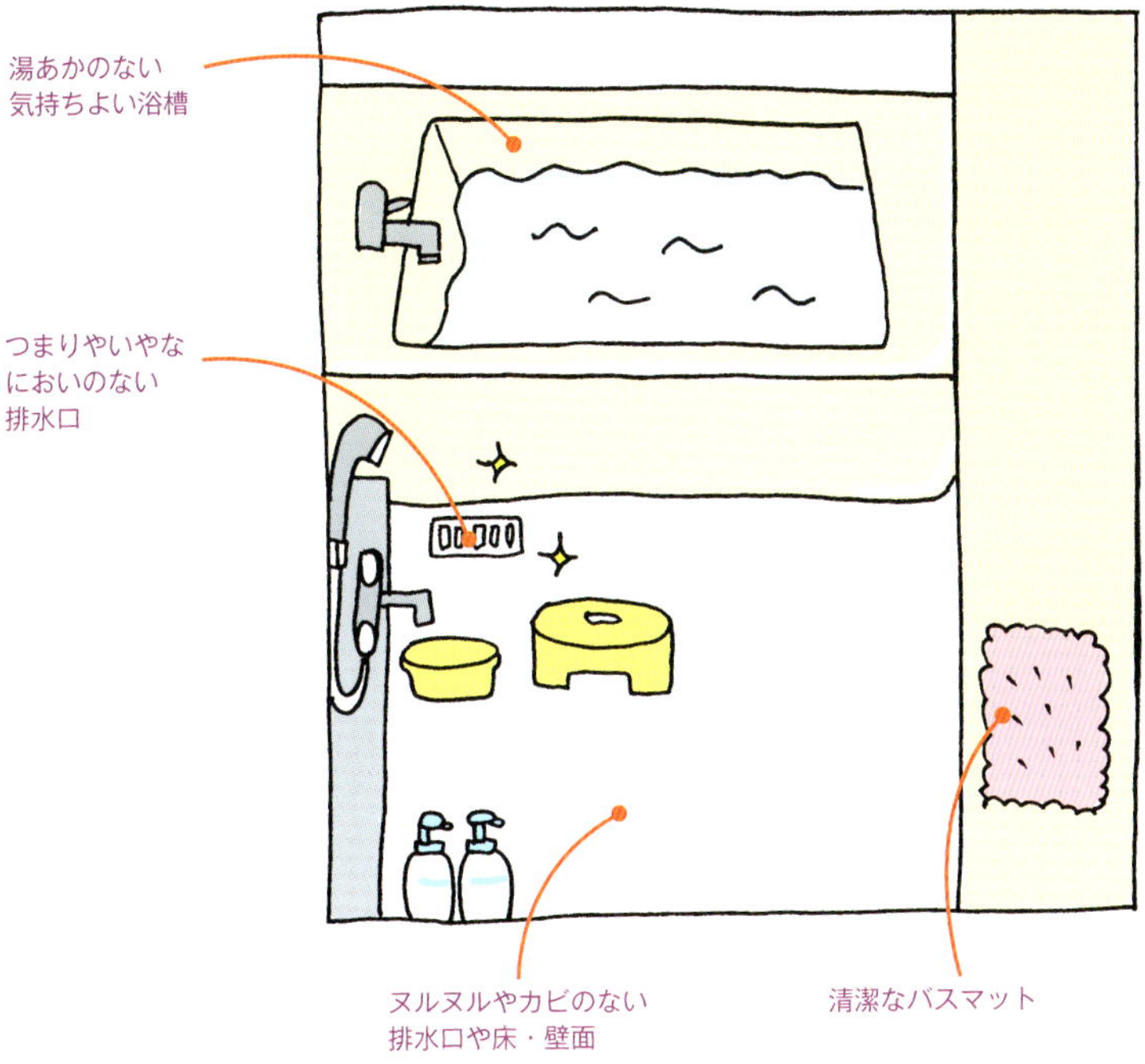
湯あかのない
気持ちよい浴槽
つまりやいやな
においのない
排水口
ヌルヌルやカビのない
排水口や床・壁面
清潔なバスマット

収納場所

守ってくれる神さま

【納戸神】財産を守って金運を上げてくれる

【志那都比古神】風を送ることで空気を浄化させ、幸運を運んでくれる

適度な空きスペースがあり、風の通る押入
においや湿り気のない収納スペース
洋服が整理され、ひと目でワードローブが確認できるクローゼット
ものが取り出しやすく、スッキリと片づいた引出し

ベランダ・庭
（門まわり）

守ってくれる神さま

【大年神・天照大神】家全体を守ってくれる幸運の神たち
【志那都比古神】風を送ることで空気を浄化させ、
幸運を運んでくれる

土ぼこりやくもりのない
ガラス窓やサッシ
ほこりで目が
詰まっていない網戸
細かい部分も
きれいに掃除された
サッシの溝
ハトのフンや
土ぼこりなどが
ないベランダ
排水口がきちんと
機能している
ベランダ床
季節の植物が楽しめる
ベランダや庭

※汚れのない
表札・ポストまわり

※雑草や落ち葉の
ない庭

神さまお掃除をする前に

神さまお掃除は、リセット掃除とキープ掃除の2段階。
リセット掃除は、「5大不浄」を取り除くこと。
これで神さまをお迎えする準備ができたということです。
キープ掃除は、神さまにずっといてもらうためのお掃除です。

4 プチバスタオル

不要な古タオルをカットして使い捨てぞうきんとして使用する。使いやすい大きさでよい。時間があるときにカットして常備。

5 新聞紙または古雑誌

吸水性・吸油性にすぐれている。生ゴミを包んだり、油汚れや窓拭きにも。

6 水（霧吹き）

バケツは不要。ピンポイントで水拭きする。

7 台所用食器洗剤

一般的な液体の食器用洗剤でOK。これで泡湿布を。

8 塩（お清め用）

粗塩がおすすめ。神さまへのお供えやお清め掃除にも必要。

リセット掃除で 5大不浄を清める

1. 汚れは「けがれ」
2. 悪臭は「よどみ」
3. ほこりは「病原」
4. カビは「ばい菌」
5. 湿気は「腐敗」

「神さまお掃除」のための8つの道具を常備する

1 スポンジ

スポンジは、掃く・拭く・磨くができる万能道具。細かいところはカットして使う。この本で使うスポンジは主に次の2つ。

二層スポンジ
吸水性があり、水まわりに。堅い面はこびりつき汚れに。小さなほうき代わりにも。
＊使えない素材：やわらかいプラスチック、漆器など

メラミンスポンジ
水を含ませて使う、手あかや茶しぶ汚れに。
＊使えない素材：はがれやすい塗装面、木製家具、漆器類、光沢のあるプラスチック面など

2 重曹

重炭酸ソーダの略。そのまま振りかけて研磨に、ペーストでこびりつき汚れに、水に溶かして汚れを浮かせるなど用途に応じて。
＊使えない素材：畳、アルミ製品、白木、まな板、フローリングなど

重曹の力
- 湯あか（浴槽など）、手あか（家電など）、カビ（ゴムパッキン、タイル目地など）、油の汚れを落とす
- 表面を傷つけずに磨くことができる
- においを吸収する
- 湿気をとる
- 水の洗浄力をあげる

3 お酢

酢1：水4の割合でお酢スプレーを作って、汚れに吹きかけてからプチバスタオルで拭き取る。頑固な汚れにはティッシュで湿布を。
＊使えない素材：鉄製品、コンクリート、大理石など
＊塩素系の洗剤と使わない（有毒ガスが発生する）

お酢の力
- 水あか（ポット、やかん、蛇口、便器など）や石けんかすの汚れ、鏡の汚れを落とす
- 抗菌・消臭作用がある
- アルカリ性の残りかすを酸で中和し、表面をつやつやにする
- 還元作用（金属のサビを防止する）

◉重曹とお酢の二重パワー

重曹と酢が合わさると二酸化炭素の細かい泡が出て、汚れを浮かび上がらせる。手が届かないところの汚れや、頑固な汚れを落とすのに最適。カビなどは、重曹でこすり落としたあと、お酢スプレーをすると、抗菌作用がはたらき、カビ再発の予防になる。

玄関

すべての幸運は玄関が入口！
神さまを気持ちよく迎えよう

玄関は神さまの通り道として、できるだけものを置かないのがベスト。ほこりや土などをため込まないお掃除が大切。

守ってくれる神さまマップ
大年神
天照大神
玄関
志那都比古神

玄関の掃除で開運するのはなぜ？

きれいな玄関には多くの幸運がやってきます

神さまはその家の入口からやってきます。そのため、玄関がものであふれていたり、ほこりや悪臭がこもっていては、神さまも遠ざかってしまいます。

天照大神《あまてらすおおみかみ》や大年神《おおとしがみ》など家全体を守ってくれる神さまは、玄関が清々《すがすが》しいとたくさんの幸運とともに訪れてくれます。また、玄関を開け閉めすることで、風の神さまの通り道にもなります。風通しをよくして悪い空気を排出し、よどみを消して、家族が健康で穏やかな日々を送れるよう見守ってくれるのです。

神さまを呼ぶには まずどこから掃除をするの？

ドアノブをピカピカにして、内なるパワーを発揮して

玄関ドアのノブが金属なら、メガネ拭きなどの布でぜひ磨きましょう。光るものは神さまが目印にしてくれます。また、ピンポイントの輝きは好印象でもあります。内に秘めたパワーが発揮され、運気も上昇してきます。

とりあえず、今すぐ簡単にきれいにする方法は？

ほうき代わりのスポンジで細部までスッキリ！

靴箱の中や傘立ての底は、乾いた二層スポンジの堅い面を使って、ほうきのように、ほこりや土ぼこりを払います。

たたきに落ちた汚れはスポンジのやわらかい面で拭きます。細かい砂などは、ぬれたスポンジをしぼって拭くと取れます。

スポンジは靴箱の中に常備しておきましょう。気になったときにすぐに神さまお掃除ができます。

1
堅い面でほこりや土ぼこりをはらう。

2
たたきの汚れは、やわらかい面で。砂ぼこりはぬれたスポンジで吸着させる。

スポンジなら靴箱の中にあっても邪魔にならない。

たたきをピカピカにするには どうすればいい?

キッチンペーパーの拭き掃除でお清めを。ほこりがたまりすぎたら、スポンジでかき集めて捨てます

普段の掃除は福を呼ぶ拭き掃除で。でも、汚れたぞうきんは厳禁。キッチンペーパーを2枚重ねて4つ折りにし、ぬらして拭きます。

一度拭いたら、きれいな部分を表に出して二度拭きします。週1のペースでこのお清め掃除をすると、神さまを迎えられます。

ほこりのたまったたたきは、二層スポンジの堅い面で四隅の汚れをかき集めて捨ててから、やわらかい面で拭きます。だいたいのほこりはスポンジに吸着します。細かい砂などは、ぬらしたスポンジをよくしぼって拭きます。

普段の掃除

1

2枚重ねのキッチンペーパーを4つ折りにする。

2

ペーパーを湿らせてたたきを拭く。

ほこりがたまっていたら

乾いた二層スポンジの堅い面で汚れを集め、やわらかい面で拭き取る。

ドアの掃除はどうやるの?

素材に合わせて拭き掃除を

木製の場合は、乾いた布で拭きます。金属製の場合は、食器用洗剤を水で100倍程度に薄めたものにプチバスタオルを浸し、固くしぼって拭きます。

木製はから拭き。金属製は食器用洗剤を水で100倍に薄めたもので拭く。プチバスタオルは固くしぼって。

靴が収納しきれない！ 何かいい方法はない？

履かない靴を処分する勇気が、新しい運を呼び込みます

履けない靴と履かない靴は、似て非なるもの。履けないほうは、捨てるのに決着がつけやすい靴です。一方、履かないほうは心残りのある靴なので決心がいります。

履かないのに処分できない靴には、次のようなものがあります。

①**足が痛くなる、きつい。けど、新しい靴**→体調不良のもと。履いたときの不快感はずっと取り除けません。

②**皮がはがれている、すり減っている靴**→寿命がきているもの。お金を出して修理する気持ちがないなら、一生そのままです。

③**昔の流行の靴**→流行が巡ってきたときには、年齢も経て似合うものも変わっています。

今の自分、輝く未来の自分にふさわしいものだけを残しましょう。履かない靴を処分すれば、玄関もスッキリとし、新しい運気が開けてくるのです。

すべての靴を収納するのが理想ですが、どうしても収納しきれず出して並べる場合は、見た目のよい靴を選びます。

次のような靴は思い切って処分を

足に合わない靴は体調不良のもと。

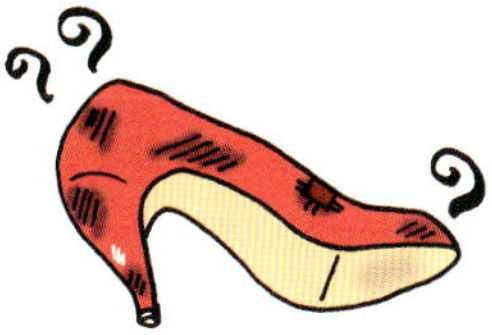
表面やかかとがすり減っているものは寿命。

デザインが古いものは気分も古びる。

ブーツのにおい対策。普段のお手入れは？

1日履いたら新聞紙を入れて湿気を除く

外出から戻ったら、新聞紙をつま先の形に合わせるように丸めて入れておきましょう。ブーツの中にこもった湿気が軽減されます。

　脇用の制汗デオドラントスプレーをシュッとふきかけておくのも効果があります。

制汗スプレーをひとふきして、丸めた新聞紙を入れる。

玄関のこもったにおいがとても気になる…

悪臭はよどみのひとつ。重曹や炭でにおいと湿気対策を

いやなにおいは神さまだけでなく、お客さまにも嫌われるもの。まずは、玄関のドアや窓を開けて空気の入れ換えをしましょう。靴箱の扉も開けて、よどみを外に逃します。これだけでも、空気が動いて空気感が変わります。

　次に消臭効果のある重曹や炭を小さい容器に入れて、靴箱の中へ複数入れておきます。においが消えるのと同時に湿気対策にもなります。トイレットペーパーでも同じような効果があります。

1

玄関のドアや窓を開けて風を通す。靴箱の扉もオープンに。

2

重曹や炭を小さい容器に小分けにする。

3

棚ごとに置いておくとより効果がアップ。

雨にぬれた靴で、玄関がしめっぽい空気になってしまう

ぬれた靴は新聞紙を丸めて吸水しながらにおいを断つ！

まず、大きな新聞紙で丸ごと靴を包んで、表面の水分を取り除きます。次に、半分～4分の1にカットした新聞紙を軽く丸め、つま先まで詰めます。詰めた新聞紙を寝る前に取り替えるのがポイントです。

新聞紙は吸水性に優れ、においも軽減してくれます。

1
新聞紙で全体を包み込み、水分を取る。

2
カットした新聞紙を丸め、靴に詰める。

3
寝る前には新聞紙を取り替える。

玄関に置いて運気がアップするものはあるのかな？

玄関の置物はゼロが理想。どうしてもの場合は、ほこりをかぶらないもの3つまで

置物は、ほこりをかぶりやすいのが特徴。ほこりは汚れ、けがれにも通じます。置く場合は、自分を写す鏡、鉢植えや生花、自然の香りのアロマボトルなど、つねに目がいくものを。数は3つまでとします。

ツキを呼ぶ！神さまお掃除

トイレ

金運アップで美しく！
トイレ掃除は運気アップの要

便器の中も拭き掃除で「福」を呼び込みましょう。においの原因を知れば予防も可能。お酢スプレーでスッキリ清潔に！

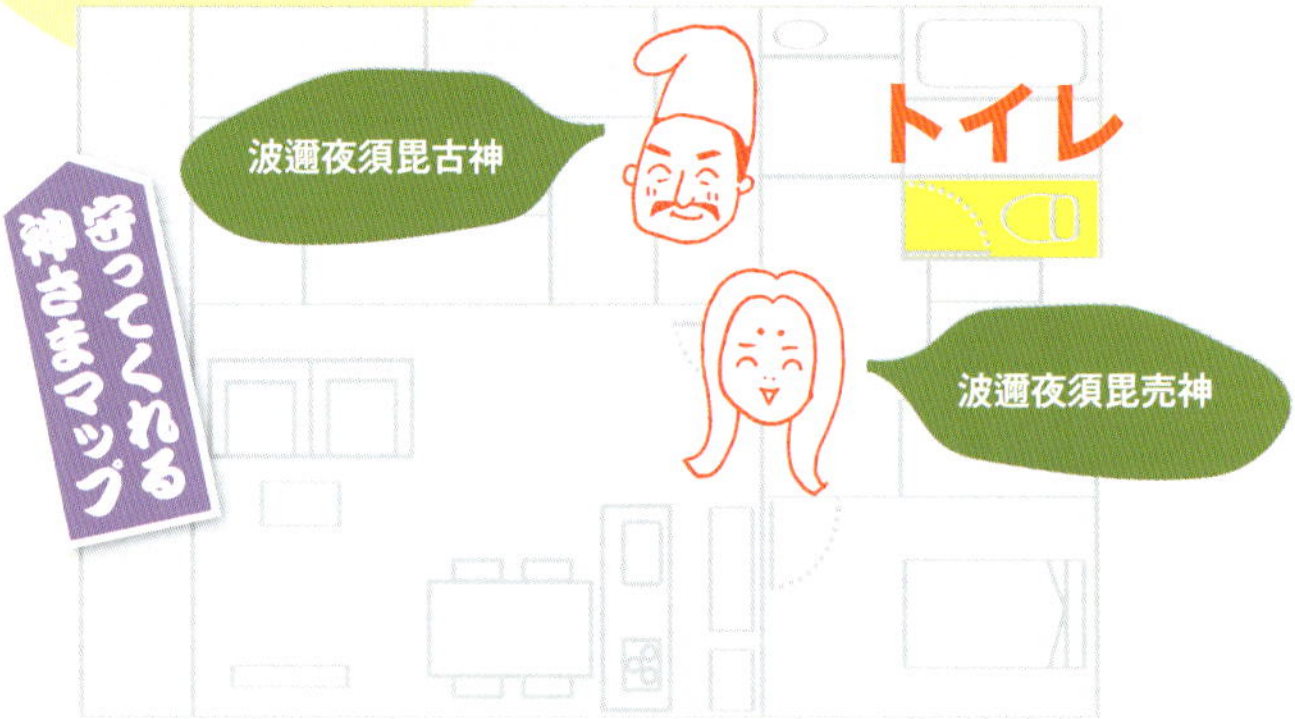

守ってくれる神さまマップ
波邇夜須毘古神
トイレ
波邇夜須毘売神

トイレの神さまがやどるとどんないいことがある？

拭いて福を呼ぶと、美しさのパワーがアップ！

トイレの神さまは男女のきょうだい神。女神さまのパワーは女性の美や恋愛・結婚運に効きます。縦に2等分、横に3等分してカットしたミニスポンジで、細かな部分を拭き掃除しましょう。拭くことで「福」を呼び込みます。人がいやがることを実践する心がけが、内面も外見も磨かれていくことにつながるのです。

ミニスポンジで拭き掃除を!!

金運アップのためのトイレ掃除を教えて！

手を使ったミニ掃除で運をコツコツためましょう

土の神でもあるトイレの神さまは、陶器（便器）をきれいにすると喜んでくれます。ブラシで便器をひと通り、グルリと磨きましょう。床は手にトイレットペーパーを巻きつけて拭きます。どちらも1日1回。洗剤は不要です。汚れをためこまないため、悪い運もつきにくくなります。コツコツ掃除のあとは、金運が花開くときを待つだけです。

トイレ掃除は夫がするほうがいいと聞いたことが…

きれいなトイレは出世運につながります

あるメーカーが行ったアンケートでもトイレがきれいな人は仕事ができ、出世率も高いという結果が出ています。これは男性も女性も一緒。何事も人まかせにするよりも、自力で体験するほうが幸運を呼び込みやすくなるのです。夫の出世を望むなら、ぜひ本人にトイレ掃除をすすめてください。

トイレ内にもほこりがたまってしまうけど…

ほこりはスポンジ拭きで「福」を呼び込みましょう

二層スポンジのやわらかい面をほうきがわりにします。ペーパーホルダー、便器のふた、スイッチ類、コンセントまわり、手洗い器、床の四隅など。集めたほこりはトイレットペーパーでつまむように包んで流してしまえば、悪い運も去っていきます。

便器の黒ずみがブラシでは落ちない！

がんこな汚れは重曹湿布を

便器の縁の内側についた取れない黒ずみは、湿布掃除がおすすめ。重曹をトイレットペーパーに包んで縁の内側につめます。1時間ほどおいてから流しましょう。

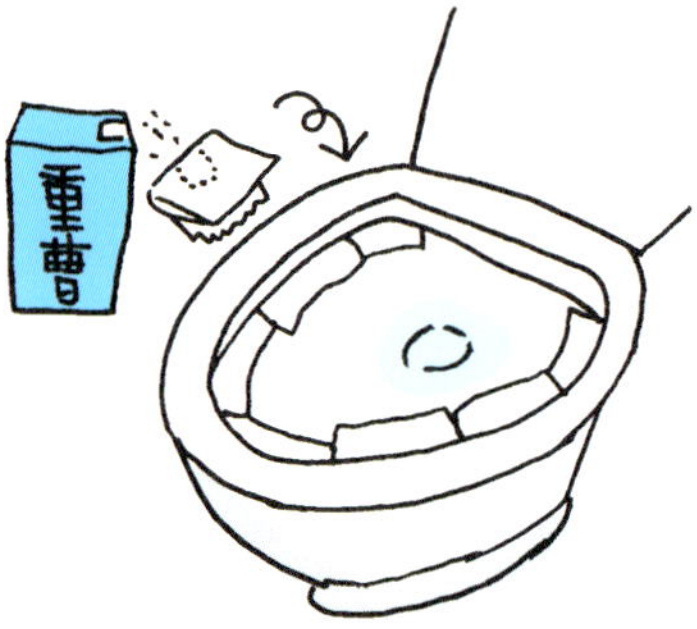

水のたまる部分に赤や黄色の輪が出てきた！

赤い水あか、黄色のシミは洗剤湿布で落とします

汚れの輪の部分にトイレットペーパーを敷き、その上からトイレ用洗剤をかけます。10～20分程度おいてからブラシでこすり、水に流します。

築ン10年の古いトイレ。黄ばみがまったく取れない！

重曹湿布、洗剤湿布が効かないなら、紙ヤスリで削る！

普通の掃除で落ちない長年のこびりついた汚れは、1000～1500番台の耐水性のサンドペーパーでこすります。便器にキズが残らないよう力加減に注意して。あとはぬらしてしぼった二層スポンジのやわらかい面で拭きます。

便座はいつでも清潔にしておきたいけれど…

お酢スプレーで簡単除菌。においの対策には重曹も

お酢スプレーは、お酢1と水4を混ぜたもの。便座にお酢スプレーをかけ、トイレットペーパーで拭きます。重曹を振りかけてからスプレーすると、においと黄ばみも消え、一石二鳥。

タンクの水受けの汚れが固まっていて落としにくい！

重曹＋スポンジ磨きで、汚れを落とす！

水受けにできる固まりは、水の中に含まれるカルキ成分です。固まりができてしまったら、まずは重曹を振りかけて二層スポンジの堅い面でこすり、水にぬらしたトイレットペーパーを重曹にかぶせて湿布します。

10～20分程度おいたらトイレットペーパーで拭き取ります。ペーパーはそのままトイレに流してしまってOKです。

1
重曹を振りかけて
スポンジでこする。

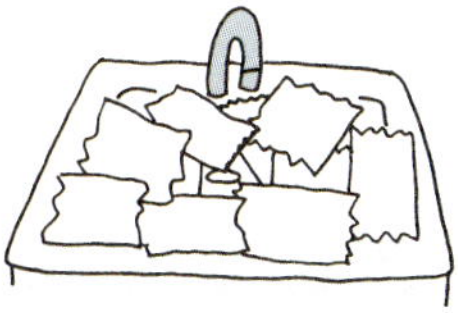

2
水にぬらしたトイレットペーパーで
湿布する。

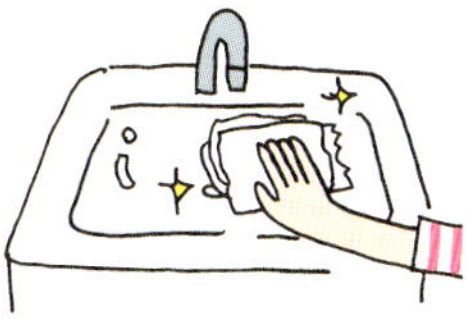

3
トイレットペーパーで
拭き取ればピカピカに。

温水便座のシャワーノズルは どうやって掃除するの？

スポンジでこすり、細かい部分は綿棒で

二層スポンジの堅い面でこすり、トイレットペーパーで拭き取ります。細かい部分に汚れが入り込んでいるときは、綿棒を使って落とします。

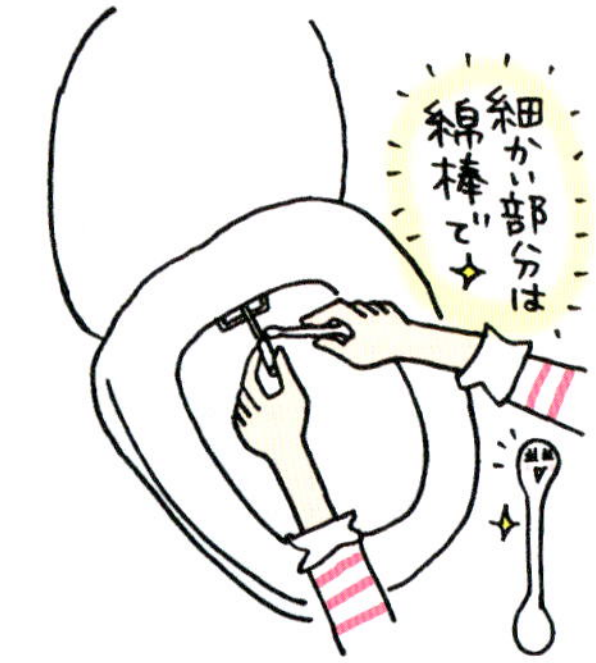

掃除をしてもなんとなく においが残っている気が…

においと汚れの温床である便座カバーやトイレマットは はずしてしまうのがベスト

トイレのにおいの元は尿に含まれるアンモニアです。特に男性のいる家庭では、尿は思った以上に周辺に飛び散っています。次の点をチェックしてみましょう。

①壁・床

尿は床だけでなく壁にも飛び散ります。お酢スプレーをかけて拭き掃除をしましょう。床と便器の境目は綿棒で拭き取ります。

②便座カバー

便座カバーやトイレマットは尿やアンモニア臭が染み込みやすいので、はずしてしまうほうがベスト。どうしてもつける場合は、1週間に1～2回は洗濯を。

また、生理用ナプキンを入れるダストボックスもにおいの元に。ビニール袋をかけたあと、重曹をひとつまみ入れておきます。袋はこまめに取り替えましょう。

トイレに置く芳香剤、おすすめは？

アロマオイルや香りつきの石けんでさわやかに

フレグランス石けんを入れた小皿やカゴを置いたり、アロマオイルの芳香剤を使うのがおすすめ。アロマオイルをタンクの中に数滴落としておくのもいいでしょう。

タンクの中も汚れている気がするけれど…

タンクの中の汚れは重曹を入れてひと晩おく

寝る前にタンクの中に計量カップ3分の1程度の重曹を入れます。寝ている間に重曹がタンクの中をきれいにしてくれます。翌朝、通常通り水を流せばOKです。

トイレブラシの掃除は？

漂白剤を入れた水に立てて定期的に除菌・洗浄を

日頃の洗浄は、使用後に便器内の水ですすげばOK。除菌したいときには、便器の水に台所用液体漂白剤をキャップ半分程度入れ、ブラシを立てます。20分程度おいてから水を流します。2週間に1回は除菌を。

ツキを呼ぶ！神さまお掃除

洋室

家族の幸せを願うなら
人の集う場所を清浄に保つ！

フローリングの部屋はほこりの除去がポイント。ペーパーモップや化学繊維のはたきなどを活用して手軽にお掃除を。

守ってくれる神さまマップ
大年神
天照大神
洋室
納戸神
志那都比古神

洋室を掃除するとどんなご利益があるの？

健康に過ごせ、さまざまな幸運につながります

洋室タイプの部屋は、リビング、寝室、子ども部屋などいろいろあります。どの部屋も毎日の生活に欠かせない場所で、くつろいだり、休息をとったりするための大切な空間です。家を守る神さまたちが集まりやすいところでもあるので、こういった場所を清浄に保つと、家族運がアップし、さまざまな幸運パワーがみなぎってきます。

収納スペースがあれば、そこも忘れず整理整頓をしましょう（P108参照）。財産を守る納戸神《なんどがみ》が喜び、財運アップにつながっていきます。

床のほこりがすぐにたまってしまう…

リビングにたまったほこりは家族運ダウンの始まり。ペーパーモップとスポンジでかんたんお掃除を

普段のお掃除はペーパーモップで目につくほこりを除去。朝起きてすぐ、帰宅後すぐなど、部屋の中が静かな状態で、ほこりが床に舞い降りているうちに行います。時間がないときには、ほこりがたまりやすいところを狙って行うと効果的。家電まわりや家具の上も、市販のハンディモップで拭き掃除をしましょう。

床にこびりついた汚れを見つけたら、ぬらしたやわらかいスポンジでキュキュッと拭き取ります。

ほこりがたまりやすいのはココ！

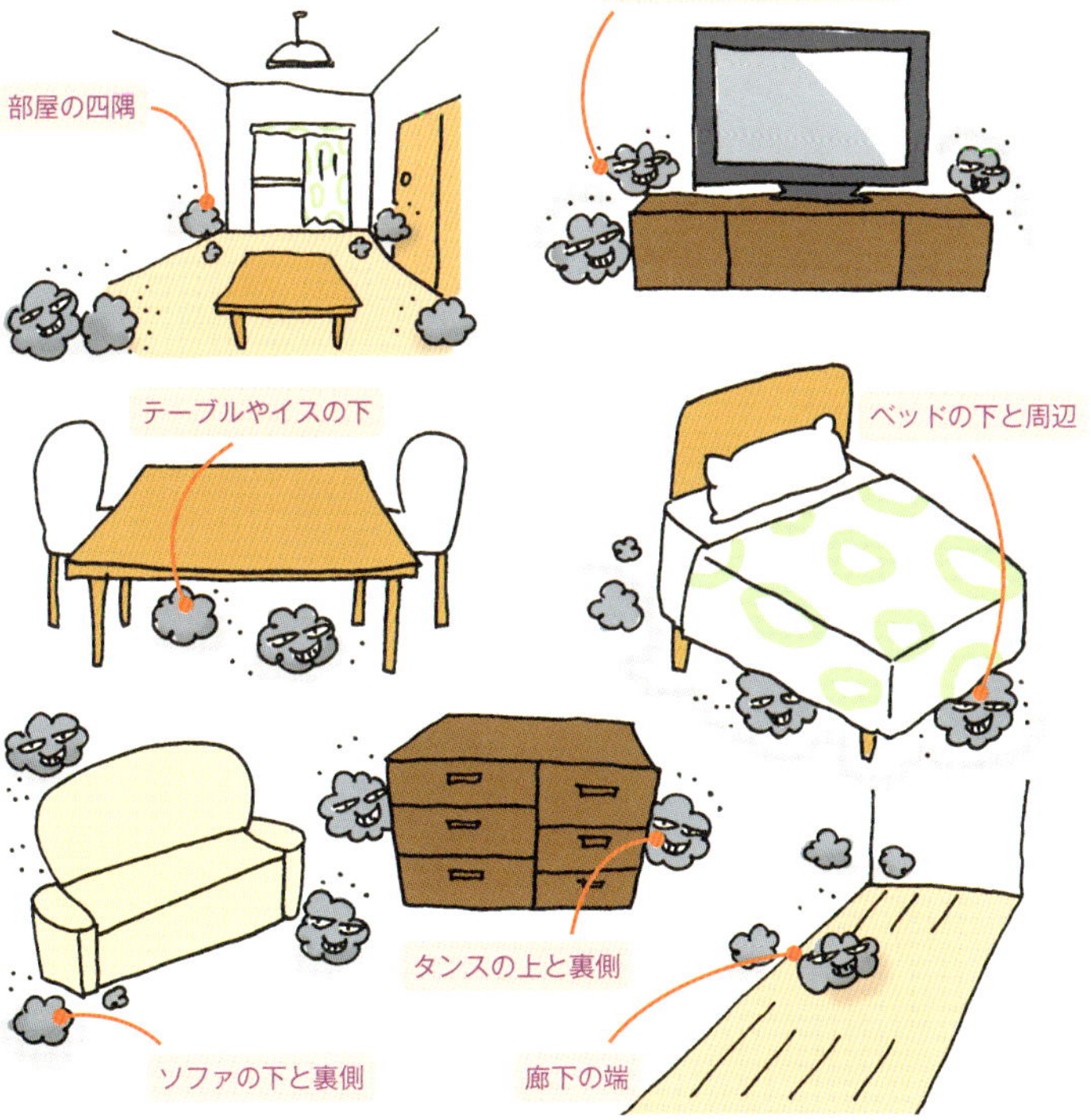
部屋の四隅
テレビやパソコンなどの家電まわり
テーブルやイスの下
ベッドの下と周辺
タンスの上と裏側
ソファの下と裏側
廊下の端

ベタつく床。どうしたらスッキリするの？

お酢スプレーで拭き掃除を。さっとかけるのがコツ

ほこり掃除をしたあとに、お酢スプレーをさっとかけながら拭き掃除。ペーパーモップのシートをぞうきんや水拭き用につけ替えれば、立ったままで拭き掃除が可能。落ちにくい汚れは、やわらかいスポンジでこすります。

エアコン掃除って大変そう…。

湿ったスポンジでほこりを取り除けばOK

エアコン掃除はコンセントを抜いてから行いましょう。まずは、水にぬらした二層スポンジをしっかりしぼり、やわらかい面でエアコンの外装のほこりを拭きます。前面パネルを開け、パネルの内側も湿ったスポンジでほこりを拭きます。

次に、フィルターを取り外し、ゴミ袋の中でペーパーモップのシートを使い、ほこりを落とします。ほこりを除去したら水洗いし、完全に乾かしてから装着します。20～30分送風運転をしてから、通常通りに使います。

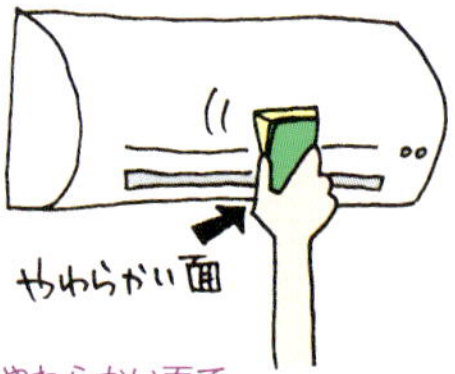

1
スポンジのやわらかい面で外装のほこりを拭き取る。

2
フィルターのほこりを取ってから、水洗いする。

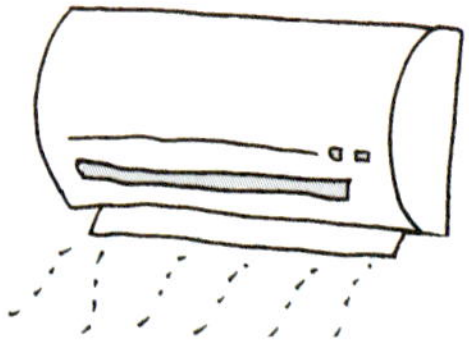

3
乾かしたフィルターを装着したら、20 ～ 30 分の送風運転を。

カーペットのゴミが掃除機でも取れない！
ゴム手袋をはめてかき集める

髪の毛やペットの抜け毛などカーペットに絡みついたゴミは、ゴム手袋をはめてお掃除を。手袋のザラザラした面で、なでるようにかき集めるとよく取れます。

洗えないカーペットはどうしたらいいの？
重曹を振りかけて掃除機を。布ソファもこの要領で

カーペットに重曹をそのまま振りかけ、二層スポンジの堅い面を使って全体にいきわたらせます。そのあと、掃除機で重曹を吸い取れば、ほこりやにおいが取れます。布製のソファも同じように掃除できます。

カーテンが何かくさい！
思い切って洗ってみましょう

布製品には生活臭が染みつきやすいもの。水洗い可能のカーテンはフックを外し、ひだに沿って畳んでネットに入れ洗濯機で洗えます。最大水量で弱回転、脱水は30秒程度で。すすぎの際、キャップ1杯のリンスを入れると静電気予防になります。乾燥はいつも通りにレールにかけて自然乾燥で。

掃除機をかけるといやなにおいがしてくる！
粉せっけんを吸わせてさわやかな香りを

掃除機のにおいの元は、掃除機内にたまったゴミ。まずは、ダストボックスの汚れを拭き取ることが大切です。

大さじ1杯程度の粉せっけんを吸わせておくと、さわやかな香りが持続します。

白い壁がうっすら汚れてきた…
ヤニ汚れはお酢スプレーで。手あかは消しゴムで

たばこのヤニは、アルカリ性なので、お酢スプレーが有効。壁に吹きかけてから湿らせた布で拭き取ります。

壁に黒く残る手あかなどは、消しゴムできれいに消せます。小さい子のいる家庭は、大人の目線よりも低い位置をチェックすることが大切です。

たばこのヤニ

お酢1：水4のお酢スプレーでヤニを除去する。

手あか

手あかは消しゴムで。大人目線よりも下をチェック。

パソコンやテレビのコードにほこりがつもってしまう…

やわらかいスポンジに切り目を入れてほこりを除去

コードを包むようにスポンジを持って拭くとよいでしょう。やわらかなスポンジはどんな形にもフィットします。切り目を1本入れるとさらに効果大。照明器具のフードも同じようにお掃除できます。照明は電源を切って、コードは大元のコンセントを抜いてから。

リモコンの細かい部分のほこりがなかなか取れない！

キューブスポンジを使うと簡単にスッキリ

テレビやエアコンのリモコンにたまるほこりは、キューブスポンジに切れ目を入れると細かい部分のほこりを除けます。

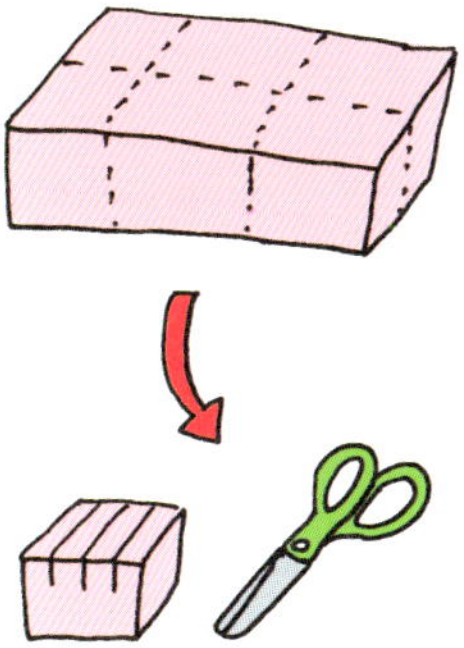

1 スポンジを6等分に。

2 小さいキューブスポンジに切れ目を入れる。

細かいものが多くてゴチャゴチャしてしまう！

トレイに載せて1カ所にまとめると掃除も簡単

写真立てや雑貨などリビングには細かいものが集まりがち。数よりも質を重視し、厳選して飾ることが大切です。

リビングのいちばん目につきやすい場所をギャラリーにし、選んだものをトレイにまとめて置きましょう。お掃除のときは、トレイを持ち上げるだけでラクにできます。

ツキを呼ぶ！神さまお掃除

和室

清らかな和室で神さまを心地よくもてなす！

畳のある和室は湿気とダニ対策が重要です。畳にはしっかりと掃除機をかけ、部屋全体の除湿を心がけましょう。

守ってくれる神さまマップ
天照大神
大年神
和室
納戸神
志那都比古神

和室をきれいにするとどんな運がよくなるの？

家族運、健康運がアップし家運を高めます

和の空間は、神さまにとっても落ち着ける場所。和室がきれいだと、いつまでも心地よく滞在してくれます。特に畳を清潔に保つことで、神さまが喜び、対人運などがよくなってきます。

大年神《おおとしがみ》や天照大神《あまてらすおおみかみ》は、家族の健康、家全体の運を守ってくれます。押入がある和室なら納戸神《なんどがみ》が財産を守り、金運を高めてくれます。押入の整理整頓をしましょう（P108参照）。

和室は特に湿気に弱い空間です。風を通し、いつでも清々《すがすが》しい空気が流れるようにしましょう。

畳の基本的な掃除方法は？

掃除機がけ＋から拭きが基本

畳の目に沿って掃除機をかけ、ほこりを吸い取ったあとに、布でから拭きします。年に1度、天気のよい日に畳を上げ、風を通すとダニやカビの予防になります。

畳がベタつくときは、水気をきったプチバスタオルで拭き掃除を。畳は湿気を嫌うので、プチバスタオルは手でしぼるより、洗濯機の脱水にかけるほうがおすすめ。

畳の部屋を清々しくする効果的な方法は？

粗塩をまいたお清め掃除で心身のやすらぎを得ましょう

畳に粗塩をまいて、プチバスタオルでかき集めるようにして拭きます。目に詰まった細かいゴミも塩と一緒に取れお清めされます。塩の残りが気になるようなら、掃除機をかけましょう。

畳に液体をこぼしてしまった！

すぐに水分を吸い取り塩でシミを予防します

新聞紙やキッチンペーパーを水分の上に置き、すぐに水分を吸収させます。拭いてしまうと水分・汚れが広がるので絶対に避けます。こぼしたところに塩をまき、塩が湿ってきたら二層スポンジの堅い面で畳の目に沿って軽くこすり、掃除機で吸います。

畳が古くなって汚れが目立ってきた

お酢スプレーでさっぱり。黄ばみには抹茶を利用

お酢スプレーでタオルを湿らせて畳を拭きます。除菌効果もあるのでさっぱりします。黄ばみがひどい場合は、水に抹茶を溶かした抹茶水でタオルをしぼり、畳を拭くと多少青みが戻ります。

抹茶水の割合は、コップ１杯の水に抹茶小さじ１杯。

障子の桟はなんとなく掃除が面倒

絹のはたきは神さまお掃除にぴったり

ほこりを払う力がある絹のはたきが便利です。はたきは汚れを取り去り、払い清める道具です。まさに神さまのためのお掃除にぴったり。軽く、優雅に清められます。

障子が日焼けで黄ばみ始めてきた。張り替えが必要？

応急処置は大根おろしの汁。清浄さを保つなら張り替えて

はけに大根おろしの汁をしみ込ませ、黄ばんだ障子に塗ります。乾いてくると多少白くなってきます。ただし、障子の黄ばみは寿命です。部屋を明るくするには、張り替えがいちばん。神さまを迎える気持ちが大切です。

自然素材の壁はどのように掃除をすればいい？

壁材がはがれないように、はたきでほこりを落とします

自然素材の壁は、はたきを軽くかけてほこりを落とす程度でかまいません。漆喰《しっくい》壁や珪藻土《けいそうど》の壁の手あかは、消しゴムで消すこともできます。水拭きする場合は、固くしぼった布で拭きましょう。

砂壁のような素材は、水拭きはできません。はたきで取れないほこりは、掃除機の先をブラシノズルにつけかえて、やさしくかけましょう。砂壁や繊維壁がはがれてしまう場合は、木工用ボンドを水で10倍に薄め、壁全体にスプレーすると、ある程度のはがれを抑えることができます。

夜は和室に布団を敷いて就寝。湿気対策を教えて！

敷きっぱなしは厳禁！できるだけ風を通す工夫を

布団は必ず畳んで、天気のいい日は広げて干しましょう。ただし、干した布団を叩くのはNG。ダニをつぶし、吸いやすくしてしまいます。外に干せないときはイスにかけて風を通します。ソファでもOKです。

寝るときには、布団の下に敷く市販の除湿シートなどを利用するのもいいでしょう。新聞紙でも代用できます。新聞紙の場合はそのつど取り替えます。

畳にカビが生えてしまった！

消毒用エタノールで拭き取る

薬局などで市販されている消毒用エタノールで殺菌を。エタノールをプチバスタオルなどに染み込ませてカビを拭き取ります。薄めずに使用するので換気をしながら行いましょう。

ツキを呼ぶ！神さまお掃除

キッチン

幸運は水まわりから
さわやかキッチンを目指せ！

油はねもシンクの水滴も「使ったあとは拭き掃除」を習慣に。日頃のプチ掃除で、汚れの蓄積を防ぎましょう。

守ってくれる神さまマップ
三宝荒神
恵比須・大黒
キッチン
弥都波能売神
宇迦之御魂神

毎日使うキッチンは毎日掃除が必要？

火と水の神に感謝して、こびりつきを作らないようシンクとガス台を拭きます

弥都波能売神《みづはのめのかみ》は女性の幸せと健康運を高めてくれる神。三宝荒神《さんぽうこうじん》は家内安全を見守ってくれます。シンクは一日の終わりに何も残さないように。ガス台の焼け焦げも、その日のうちにきれいにしましょう。汚れを放っておくと、こびりつきを作り、神さまも逃げてしまいます。

食費を節約するだけじゃお金はたまらない？
グラスを磨くと金運アップ。重曹でピカピカに

グラスに重曹を振りかけてしばらく放置します。水でぬらした指でやさしくこすり洗いをすると、くすみが消えてピカピカに。キッチンやダイニングは恵比須・大黒や宇迦之御魂神《うかのみたまのかみ》など豊穣の神さまがいる場なので、ピカピカのグラスで金運も豊かになります。

汚れがちなシンクをいつも清潔にしておくコツは？
毎日の後片づけの際にお酢スプレーで抗菌仕上げ

シンクに洗剤や水分が残っているとシミや汚れのもとに。汚れを呼ぶ水分は気軽に拭き取れるよう新聞紙をカットしたものを常備。お酢スプレーをかけてからカットした新聞紙で拭きます。

ショールームのようなピカピカのシンクにしたい！
身近な道具で磨けば幸運パワーもアップします！

シンクの水気を拭き、乾いたスポンジに食器用洗剤またはクレンザーをつけて磨きます。10分ほど放置したら水で流して。ピカピカのシンクで、神さまの幸運パワーもより輝きます。

使用したティーバッグで拭いてもぬめりが取れます。

生ゴミや排水口のにおいはがまんするしかない？

お酢スプレーでにおいを中和。排水口は重曹を振りかけて

抗菌効果のあるお酢は生ゴミについた菌の繁殖を抑えてくれます。生ゴミは余分な水分を取るため、新聞紙や不要な紙で包んでからゴミ箱に入れましょう。その上から酢1と水4を混ぜたお酢スプレーをかけ、においを予防します。

排水口は水でぬらし、大さじ2〜3杯の重曹を振りかけます。2〜3時間おいたら、熱めのお湯をたっぷり流しましょう。丸めたアルミホイルを入れておくと、金属の力でぬめりの防止になります。

小バエが発生したら、生ゴミだけでなく観葉植物も疑って。

洗剤でも落ちない茶しぶはどうする？

重曹でこするときれいに除去

湯のみに重曹をふり、ぬれた指でこするとおもしろいようにしぶが取れます。ひどい茶しぶは、重曹をひとつまみ入れた熱めの湯につけ置きしましょう。

コンロに汚れをためないコツはあるの？

毎日ささっとが基本。カット新聞紙で手軽に拭き掃除を

使ったあとは、時間をおかないこと。油の汚れに新聞紙を置くと吸着してくれるので、ハガキ大にカットしておくと使い捨てできて便利です。

また、ティーバッグを使ったあとは、ついで掃除を習慣に。温かいうちにコンロを拭くと、カット新聞紙やキッチンペーパーで水分が吸い取れ、油汚れが簡単に落ちます。

コンロを強力な洗剤で掃除すると手が荒れてしまう…

毎日使う食器用洗剤で泡湿布。油汚れを浮かして取ります

水を3分の1ほど入れたボウルに、食器用洗剤を3〜4滴加え、泡立て器で泡立てます。泡を汚れた部分に置き、ティッシュをかぶせて10分ほど湿布を。汚れがゆるみ、泡に吸着して落ちやすくなります。

コンロまわりの壁やシンクなどにも使える泡湿布です。

1
ボウルに水、食器用洗剤を入れ、泡立て器で泡を作る。

2
汚れ部分に泡を置き、ティッシュをのせ、10分放置したら、スポンジでこすりながら汚れとティッシュを取り除く。

焦げてしまった鍋はもう使えないの？

メラミンスポンジを小さくカットして使い捨てに

鍋の焦げつきはメラミンスポンジで磨くのが効果的です。小さくカットしておけば、使い捨てでOK。汚れ・焦げつきがひどいときは、重曹を振りかけて1時間ほどおいてからスポンジでこすると、焦げもきれいに取れます。

ただし、重曹は、アルミ製品やテフロン加工製品には使えないので気をつけましょう。

魚焼きグリルは洗ってもにおいが残ってしまう…

網や受け皿だけでなく庫内の掃除も忘れずに

グリルの網や受け皿は洗っても、庫内はそのままという人も多いのでは。ここに油などがたまり、汚れが蓄積しているとにおいの元となります。

庫内の掃除には重曹ペーストを使います。重曹3に水1の割合で混ぜ合わせた重曹ペーストをスポンジに取り、庫内を磨きます。汚れが浮き上がってきたら、水でしぼったプチバスタオルで重曹を拭き取ります。

アルカリ性の重曹は油汚れに効果的で、研磨・消臭効果もあるのでグリル掃除にはベストです。

食器棚や冷蔵庫の上が油とほこりでべとべとに

重曹水を使って拭き掃除を

油汚れにはアルカリ性の重曹が効果的です。水500ccに大さじ2杯の重曹を溶かした重曹水を作ります。重曹水でしぼったプチバスタオルで、汚れ・ほこりを拭き取ったあとに、水でしぼったプチバスタオルでもう一度拭きます。

シンクと作業台の継ぎ目にいつのまにか黒カビが！

重曹＋古歯ブラシでカビ汚れをかき出します

システムキッチンのシンクと作業台の継ぎ目は見えにくく、知らない間に汚れがたまるところ。黒カビなども出てきます。古歯ブラシに重曹をつけて、かき出すように磨きましょう。磨いたあとはぬれプチバスタオルで拭きます。

排水口のまわりに
ぬめりが出てきた！
重曹でスッキリさせましょう

排水口や排水口内のかごは、油断するといつのまにかヌルヌル状態になってしまいます。重曹を振りかけ、カットした新聞紙を丸めて汚れをかき出します。新聞紙を敷いて作業するとシンクを汚さずゴミと一緒に捨てられます。

スポンジ、ふきんを
気持ちよく使うには？
スポンジはお酢スプレーで、
ふきんは熱湯消毒が安心

スポンジは水気をしぼってから、お酢スプレーをかけます。2〜3分おいて、水ですすいでしぼります。

ふきんは鍋に水とともに入れ、食器用洗剤を1、2滴加えて煮ます。沸騰したら火を止め、菜箸などで取り出し、水ですすいで乾かしましょう。天日干しができればベストです。

プラスチック容器や
お弁当箱のにおいがとれない
たっぷりの洗剤と
お酢スプレーでにおいを除去

プラスチック容器ににおいが残ってしまったときには、台所用洗剤をキッチンペーパーにたっぷりつけて拭き、そのまま容器を水に浸して1時間以上おきます。においが強い場合には、すすいだあと、さらにお酢スプレーをかけるとよいでしょう。

まな板のにおいが気になる

消臭は粗塩、消毒は熱湯で

まな板ににおいがついたときは、まず食器用洗剤の泡をたっぷり置き、汚れを吸着させます。消臭は、まな板に粗塩をこすります。たわしを使うと切りあとの溝にも塩がいきわたります。熱湯をかけて消毒。塩を水で流し、早く乾くように立てて保管します。

まな板が黒ずんできた！

レモンを使って漂白を。なければお酢やクエン酸で

洗ったまな板に、レモンの切り口をまんべんなくこすりつけ、30分ほどおきます。漂白と殺菌効果があります。レモンがなければお酢かクエン酸でもOKです。

水栓まわりにヌルヌル汚れが…

お酢スプレー湿布でヌルヌル水あかを除去

水4に対してお酢1のお酢スプレーを吹きかけ、ティッシュペーパーを貼りつけて湿布します。30分ほどおき、ティッシュペーパーは汚れを拭くようにしながら取ります。水で流したあとに、乾いた布でから拭きします。

電子レンジはどうやって掃除すればいいの？

重曹水をチンして湯気で汚れを浮かせます

耐熱容器に重曹水を入れレンジで1分加熱します。目安は180ccの水に重曹小さじ1杯程度。さめたら庫内の湯気を拭き、重曹水をキッチンペーパーにつけ、全体を拭き掃除します。

換気扇をささっと掃除したいけれど…

かための泡湿布で浮き上がった汚れを拭き取る

ボウルに食器用洗剤2～3滴、水を100cc程度入れ、泡立て器で泡立てます。でき上がったかための泡を取り外した換気扇の部品に置きティッシュをかぶせます。10～20分おいて汚れが浮き上がってきたら、ペーパータオルかプチバスタオルで泡を拭き取ります。

電気ポットの中に白っぽい固まりができてきた

電気ポットにたまる石灰分はお酢水を沸かして除去します

水1リットルに対してお酢大さじ1杯の割合のお酢水をポットに入れて沸かします。保温のままひと晩おいたらお湯を捨て、スポンジで中をこすり、水でよく洗い流します。スポンジで掃除するときは電源を抜いてから行います。

丸ごと洗えない炊飯器はどう掃除する？

洗えない部分は固くしぼった布で水拭きします

内ぶた、内釜など取り外して洗える部分は、使用後に水洗いします。日常的に使っているものなら洗剤なしでＯＫです。炊き込みご飯など油が加わったときは、食器用洗剤で洗います。洗ったあとは、水分を取って設置します。においが気になるときは、１合炊きの水位まで水を入れ通常炊飯します。冷めてから洗い、乾かします。

本体や釜の収容部など洗えない部分は、水をしぼった布で水拭きすると汚れは落ちます。電化製品なので、できるだけ固くしぼりましょう。

冷蔵庫をスッキリさせたい！

お酢スプレーで拭き掃除を

取り外せる部分は、食器用洗剤で洗い、十分乾かします。パッキンなど細かい部分はわりばしにプチバスタオルを巻いて、ゴミをかき出すようにして拭きます。

庫内はお酢スプレーをかけたプチバスタオルで拭きましょう。除菌され気持ちよく使えます。

麦茶用のプラスチックポットに白い斑点が…。これなに？

水のカルキ成分です。お酢の力で落としましょう

麦茶ポットは、飲みきったらそのつど食器用洗剤で洗いますが、きちんと洗っていても、いつの間にか出てしまう白い斑点があります。正体は水に含まれるカルキで、石灰分です。害はありませんが、ほうっておくとその部分に雑菌が繁殖してくることもあるので、できれば除去しておきましょう。石灰分には酸性のお酢を使います。

麦茶ポットに、お湯１リットルに対してお酢大さじ１杯を入れ、お湯が冷めるまで放置します。あとは、スポンジでこするだけでＯＫです。

食器を効率よく収納したい！

種類別・用途別に分類して収納場所を区別しましょう

食器の分類方法には左のイラストのようなものがあります。分類方法は、日常用・来客用の目的別に分け、さらに形状別や色別にするなど、いくつかを組み合わせてもかまいません。

食器収納のポイントは、清潔で、取り出しやすいことです。清潔さを保つには、扉つきの棚や、引出しに収納するのがベストです。オープン棚に食器をそのまま置く場合は、布をかけ、ほこりを寄せつけないようにします。

食器の分類方法

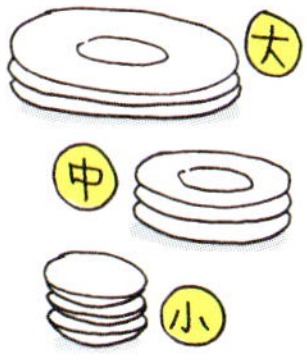

分類①
大、中、小の大きさ別。

分類②
深いもの、浅いもの、ガラスの形状別。

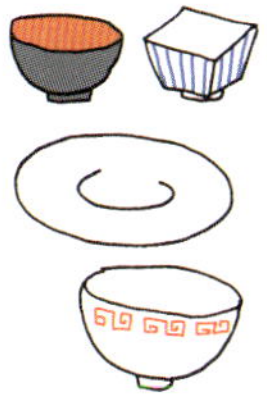

分類③
和食（小鉢や漆器）、洋食（平皿）、中華（丼）など用途別。

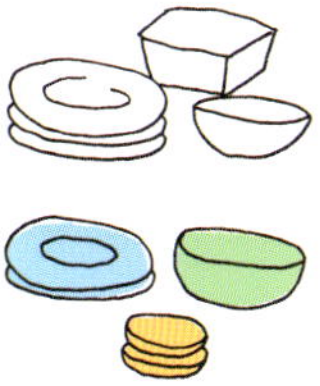

分類④
白や青、色ものなど色別。

取り出しやすい収納のコツ

奥行があるスペースでは、同じ種類のものを、手前から奥へと縦に並べる。

高さがあるスペースは、コの字ラックなどで高さを分割する。

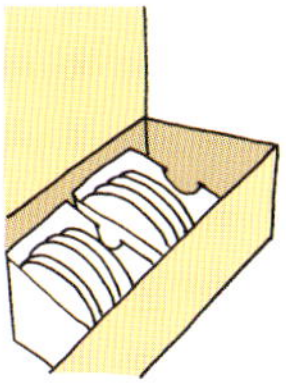

引出しタイプの収納スペースは、重ねるよりも、列で並べる。

小振りの食器、取り皿など使用目的が同じものは、種類ごとにカゴにひとまとめにする。

ツキを呼ぶ！神さまお掃除

浴室

湿気が残ると、ヌルヌルやカビの原因に。つねに換気を心がけ、汚れは見つけたらすぐに除去。広げないことが大切です。

健康で美しくあるために 浴室は清浄な空間にする！

守ってくれる神さまマップ
弥都波能売神
浴室
火之迦具土神
志那都比古神

お風呂掃除をするとどんなご利益があるの？

疲れを取り英気を養う浴室は健康・美容・仕事運がアップ

入浴は一日の疲れを取り、明日の英気を養ってくれるもの。浴室は、健康運と美容運、仕事運を司る神さまが守ってくれる場所です。ていねいに掃除し、塩を入れて清めたきれいな湯につかりパワーを高めてください。塩は、粗塩を大さじ1杯程度、または、バスソルトで香りを楽しむのもおすすめです。

ホカ
ホカ

目地にみつけた小さい黒カビ少しくらいなら問題ない？

カビは病原菌のひとつ。健康運がダウンする合図です

出てしまったカビ菌はほうっておくと、どんどん増え、悪臭の原因にもなります。また入浴中にカビ菌を吸うことで病気を引き起こします。浴室はリラックスして体を清浄にする場です。清潔に保ちましょう。

カビ予防のためには？

汚れと水分を残さず、換気を十分に行います

カビ発生の原因は、湿気、高温、汚れです。入浴後は浴槽の湯を排水しましょう。洗濯などに使うため残す場合は、必ずふたをしておきます。浴室から出る前には、シャワーで壁や床を流し、石けんカスなどが残らないようにすることも大切です。そのあとは、スポンジで水気をさっと取り、換気扇を回します。

シャンプーなどのお風呂グッズは、最小限のものを置くようにします。床や棚に直接置かず、水切れのいいカゴに入れて吊るしておくと、カビ・ぬめりを防げます。

バスタブの湯あかはどうしたら取れる？

湯あかがあるときはキッチンペーパーでお酢パックを

湯あか部分にお酢スプレーを染み込ませたキッチンペーパーを貼りつけます。アルカリ性の湯あかや石けんカスは、酸性のお酢と中和され、こすらなくても汚れが落ちます。ひどい場合は、重曹を振りかけてから、お酢スプレーをかけ、スポンジでこすります。

お酢スプレーは、
酢１：水４の割合で。

浴室のあちこちに赤いヌルヌルができてきた

ぬめりの元になる酵母菌はお酢スプレー＋スポンジで

つねにぬれたままにしておくと発生してしまうのが、赤色酵母菌のロドトルラ。ぬめりの原因でもあります。お酢スプレーをかけ、スポンジで拭き取りましょう。

お風呂上がりに浴室の水分をスポンジでさっと拭いておくと乾きが早くなり、酵母菌発生の予防にもなります。

浴室の椅子や湯おけが白く汚れてきた

軽い汚れはお酢で、落ちにくい場合はクレンザーで

湯おけやタイルなどに残る白い汚れは、水分中に含まれるカルシウム成分。軽いものであれば、お酢スプレーを吹きかけ、スポンジでこすります。それでも落ちない場合は、クレンザーをかけ二層スポンジの堅い面でこすります。

シャワーヘッドを掃除したい

重曹酢の湿布がおすすめ

シャワーヘッドに重曹を振りかけ、ティッシュで包み、その上からお酢スプレーをかけます。2～3時間放置し、ティッシュでこするように拭きます。シャワーを出し、穴に詰まった重曹や汚れを流します。

床や天井にカビを生やしてしまったら…

お酢スプレーと重曹でこすり取りましょう

カビ部分にお酢スプレーをたっぷり吹きかけ、その上から重曹をかけます。発泡した重曹を古歯ブラシでまんべんなくすり込みます。3～4時間放置したあと、古歯ブラシでカビをこすり取るように磨き、水で十分に洗い流します。

天井の場合は、柄つきのブラシに重曹ペーストをつけ、こすります。重曹ペーストは重曹3に対し水1の割合で。3～4時間放置したら水で十分に流します。

カビ掃除を行う場合は、カビの胞子が飛び散ることがあるので、マスクをして行いましょう。

1 お酢スプレーを吹きかける。

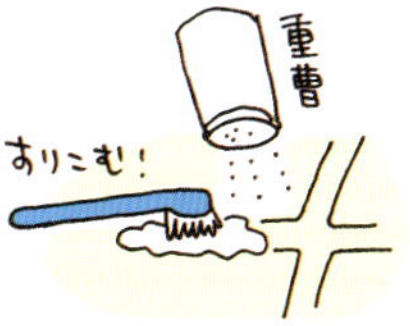

2 重曹を振りかけ、まんべんなくすり込む。

3 ３～４時間放置し、古歯ブラシでこすって、水で流す。

重曹ペーストは、重曹３：水１の割合で混ぜ合わせる。

お酢も重曹も効かないガンコなカビを取りたい！

塩素系カビ取り剤は、こすらないのがポイントです

どうしても取れないカビには、市販の塩素系カビ取り剤を使う方法もあります。塩素系カビ取り剤を使うときは、使う場所の水分を取り、カビ取り剤をつけた部分はこすらずに放置するのがポイントです。最後は水で十分に流します。

使用については、それぞれの商品に記載された注意書きをきちんと守ってください。

すのこはどう掃除する？

汚れてきたらお酢スプレーをかけ、最後はから拭きで

使用したすのこは、敷きっぱなしにせずに、立てかけておきましょう。乾燥させることでカビなどを防ぎます。

ぬめりやカビが発生してしまった場合は、お酢スプレーを吹きかけて、たわしなどでこすり落とします。水で流したあとは、乾いた布でから拭きして仕上げます。

風呂釜のお掃除の目安は？

1～2カ月に1度 残り湯と重曹を使います

残り湯が、風呂釜の穴より5㎝程度上の位置にくるように調整します。そこに重曹を1カップ入れ、追い焚きし、そのままひと晩おきます。

翌日排水し、もう一度同じ位置まで給水します。3分ほど追い焚きして、風呂釜内の水を浴槽に循環させてから排水します。最後に浴槽を洗いすすげば、風呂釜も浴槽もスッキリです。

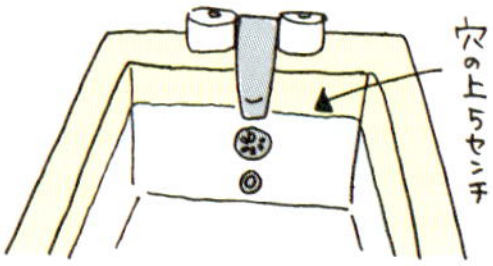
穴の上5センチ

1
残り湯は穴の上5㎝くらいにする。

おいだき！
ピッ
重曹

2
重曹を1カップ入れ、追い焚きする。

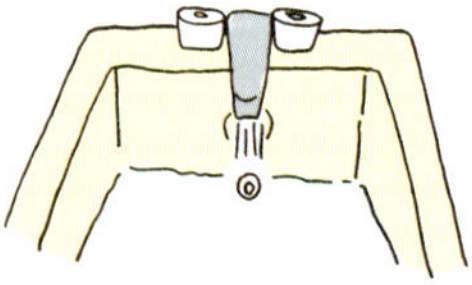

3
ひと晩おいたら排水し、同じ位置まで給水。

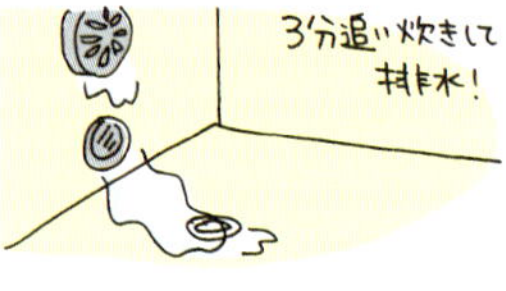
3分追い炊きして
排水！

4
3分追い焚きし、排水する。

排水口の詰まりはどうする？

重曹をお酢で発泡させて においも、詰まりもスッキリ

排水口の部品を外し、ゴミを取り除いたら、部品に重曹を振りかけてスポンジでこすり洗いします。排水口の中には、重曹1カップを振りかけ、お酢スプレーをかけます。10分ほどおいたらもう一度重曹を振りかけ、ぬるめのシャワーで十分に流します。詰まりとにおい、どちらも解消できます。

　大量の髪の毛がパイプに入って詰まってしまうと、業者に頼むしか解消方法がありません。そうなる前に、排水口用の髪の毛キャッチャーなどを活用して詰まりを予防しましょう。

1
取り外せる部品は分解し
重曹で洗う。

2
重曹1カップを入れ、お酢スプレーをかけたら10分放置。

3
再び重曹をかけ、
ぬるめのシャワーで流す。

きれいなはずなのにくさい！

浴室以外の部分に目を向けて

においの元は浴室内だけではありません。足拭きマットやドアの通気口のほこりなどが、においやカビの原因になっていることもあります。

　マットはぬれたままにせず、使用後は簡易干しします。ドアの通気口にたまったほこりは、綿棒をすべらせて取り除きます。

ツキを呼ぶ！神さまお掃除

洗面・脱衣所

**女性の美を司る洗面所
汚れをためないようにする！**

使ったあとのプチ掃除が汚れをためないポイント。基本は水滴を残さない拭き掃除。年に1度はしっかり掃除もおすすめ。

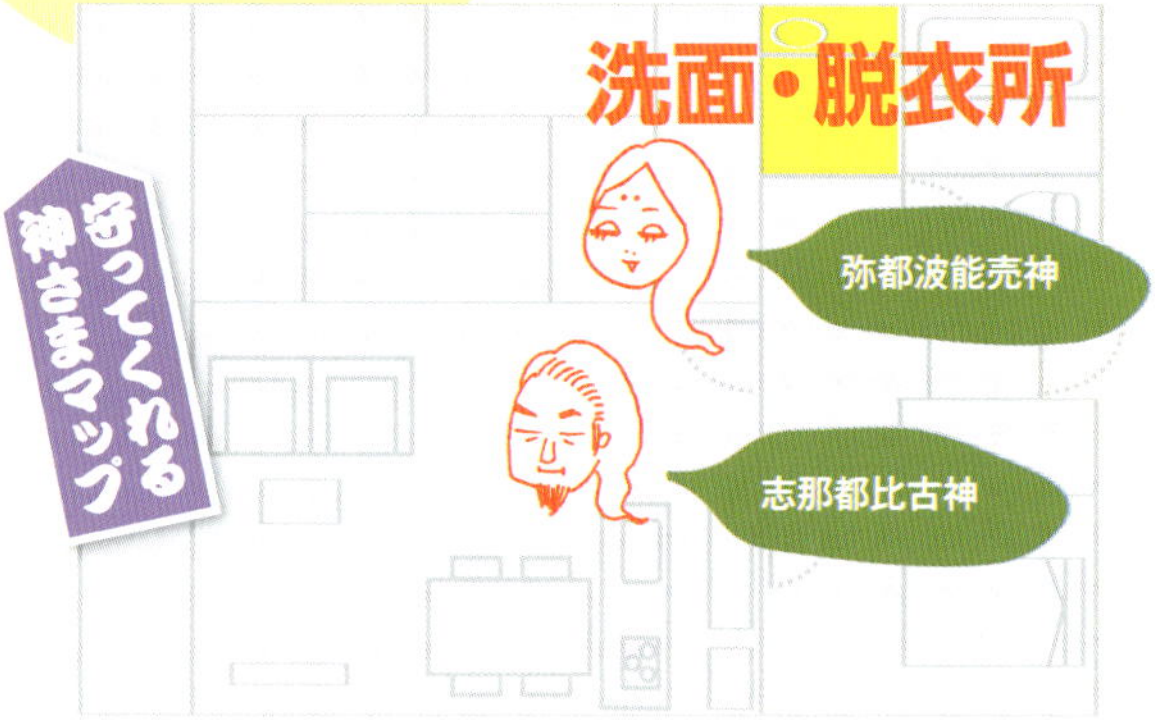

守ってくれる神さまマップ
洗面・脱衣所
弥都波能売神
志那都比古神

洗面所の掃除はどんな運勢に関わるの？

美人度アップから恋愛運も高まります

洗面所を守る水神は女神。女性の美しさを象徴しています。特にくもりのない鏡、水滴のない洗面台、よどみのない空気は、使う人の美しさをパワーアップさせます。外見も内面も磨かれ、恋愛運アップにもつながります。

美人度アーップ
ダレっ？

鏡に細かい汚れがいっぱい

めがね拭きで拭き掃除。ひどい汚れはお酢スプレーで

めがね拭きで鏡を拭くと、歯みがき粉や水はね、手あかなどの汚れもきれいに取れます。

白いうろこ状の汚れが落ちない場合は、お酢スプレーをかけてティッシュで湿布します。１～２時間放置したらティッシュを取り、水拭き→から拭きで仕上げます。

洗面台の普段のお手入れは？

スポンジを使って水滴を取っておくだけで十分

通常のスポンジを６つにカットしたミニスポンジを洗面台に常備。洗面台を使ったあと、スポンジで水滴を拭き取っておきます。少しの汚れなら、スポンジの堅い面で拭けばＯＫです。

洗面ボウルが白っぽくざらついてきた

白いざらつき汚れは重曹＋お酢湿布で落とします

汚れ部分に重曹を振りかけ、お酢スプレーをかけます。５分ほどおいたあと、二層スポンジの堅い面で磨きます。最後は水で十分に流してください。

洗面台にヘアピンを置いたらサビが残ってしまった！

クリームクレンザーでやさしく磨きます

クリームクレンザーをつけ、スポンジで磨きます。強くこするとキズが残ることもあるので、軽くこすり、最後に水拭きをします。時間が経つと、茶色のシミになって取れにくくなるので、気づいたらすぐ落としましょう。

排水の流れが悪くなった

排水口のゴミ受けをチェック

排水口の栓になっているゴミ受けが詰まっている場合は、髪の毛などのゴミを取り除きます。網状の部分は、古歯ブラシでこすり、ぬめりなどを取ります。

それでも詰まりが解消しない場合は、排水口に重曹1カップを振りかけ、お酢1カップを少しずつ流し重曹を発泡させます。そのまま1～2時間おき、ぬるま湯をたっぷり流します。パイプの詰まりが取れ、においも解消されます。

ゴミ受けのゴミを取り除き、古歯ブラシでこすり洗いする。

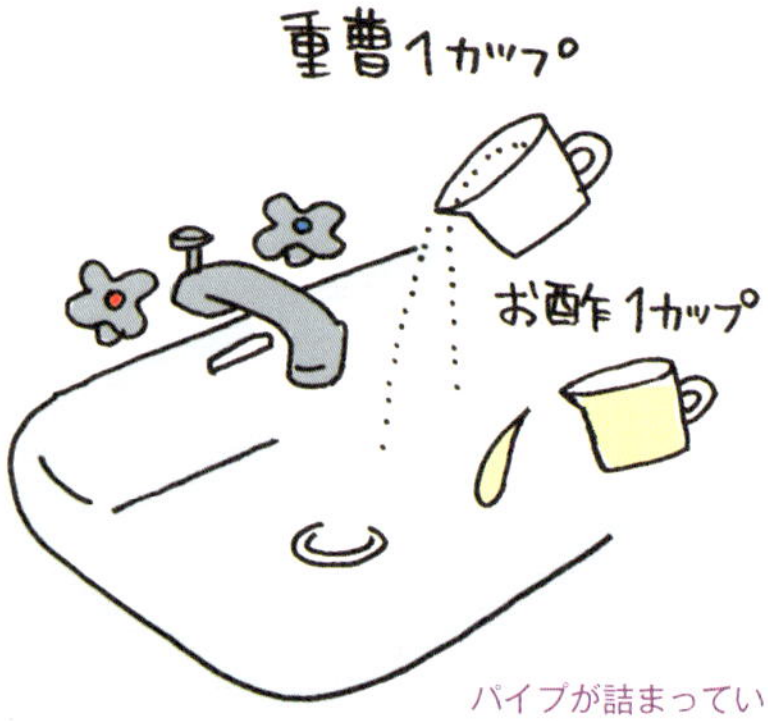

パイプが詰まっている場合は、重曹1カップを振りかけ、お酢1カップを少しずつ流す。

脱衣所の床がいつも湿っていて気になる
足拭きマットでついで掃除を

家族全員が使ったあと、足拭きマットで全体をざっと拭いておきましょう。マットはそのまま洗濯機へ。マットを敷きっぱなしにしているとカビの原因になります。タオル素材のものが洗いやすく、扱いやすいでしょう。

化粧品の液だれなどでキャビネット内が汚れる
トレイを使って収納し、液だれはすぐに拭き取ります

液だれや石けんの飛びちりなどは、その場ですぐに拭き取ります。輪ジミになってしまった古い汚れは、コットンに除光液をつけて拭き取ると、きれいになります。

化粧品などはトレイに載せたものを棚に収納しておくと、掃除をするときもラクです。

メイク用パフやヘアブラシをいつも気持ちよく使いたい
ハンドソープや重曹水でスッキリさせましょう

パフについたファンデーションや粉は、ハンドソープか浴用石けんをつけてもみ洗いします。水でよくすすいだら、きっちりしぼって乾燥させましょう。

ヘアブラシは、水1リットルに重曹大さじ1杯の重曹水に1時間ほどつけておくと細かい部分の汚れも落ちます。

洗面所の収納は小物が多く掃除がしづらい！

ものを詰め込みすぎず、年に１度は大掃除をして

　戸がついているキャビネットもほこりなどはたまります。気づいたときに拭き掃除をしますが、年に1回は、ものの整理も兼ねて掃除をしましょう。

　収納されているものを全部取り出します。水1リットルに食器用洗剤小さじ1杯を溶かし、浸したプチバスタオルを固くしぼります。これで全体を拭き掃除します。細かい部分はわりばしなどに巻くか、綿棒で掃除します。水拭きで洗剤を落とし、最後にから拭きをします。

　洗面台下の収納は、湿気がこもりやすい場所なので、しばらく戸を開け完全に乾いてから、ものを入れましょう。

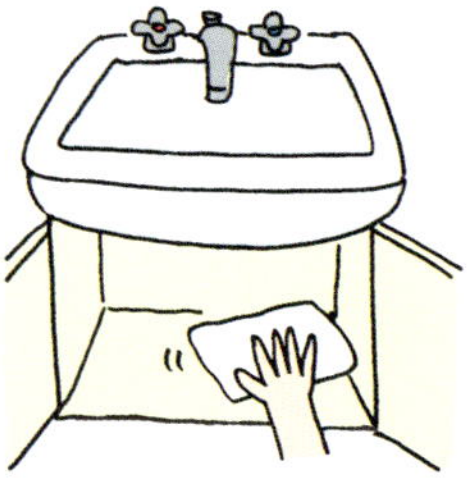

洗剤水に浸したプチバスタオルは
固くしぼってから拭き掃除を。
水拭き→から拭きで仕上げる。

細かい部分は、わりばしに
布を巻いて。

防水パンがすぐに汚れる！

掃除機をかけ、プチバスタオルで拭き掃除を

　洗濯機を載せている防水パンはほこりや抜け毛がたまりやすい場所。普段は、掃除機で吸い取り、水気をしぼったプチバスタオルで拭き掃除します。

　排水口は、部品を分解し、重曹水につけて古歯ブラシなどでこすり洗いをします。すすいで、から拭きをしてから元に戻します。

洗濯槽の汚れを取りたい！

重曹でゴミを浮かせます

洗濯機に水を張り、重曹を1カップ入れます。「洗い」機能で洗濯機を5～6分回したら、そのままひと晩放置します。翌朝ゴミが浮かんでくるので、100円ショップなどに売っているお風呂用のゴミ取りネットでゴミを取り除き排水します。

洗濯時に、洗剤のほかにカップ2分の1の重曹を入れると水がやわらかくなり、洗濯物の汚れが落ちやすくなります。

1
水を張った洗濯機に重曹を1カップ入れる。

2
洗濯機を5～6分回し、ひと晩おく。

3
浮かんできたゴミをゴミ取りネットで取り、排水する。

洗濯機の細かなところはどうやって洗えばいい？

洗剤投入口など細かい部分はわりばしを活用します

わりばしにぬらしたプチバスタオルをかぶせて、鉛筆のように持ちます。水1リットルに重曹大さじ1杯を溶かした重曹スプレーをかけながら、洗剤の投入口や洗濯機の縁など細かい部分をお掃除しましょう。

ツキを呼ぶ！神さまお掃除

収納場所

必要なものだけを収納して
幸運・金運をアップさせる！

不必要なものをいさぎよく処分することが運気アップのポイント。ものを収納する場所は、通気と除湿対策が重要。

納戸が不要品だらけで開かずの間になっている
大切なものをしまう場所は神様がやどるところです

納戸や押入は、とりあえずのもの置き場となって、気がつくと、中は不要品ばかりということもよくあるようです。しかし、もともと納戸は大切なものをしまうところ。納戸神《なんどがみ》に守られる神聖な場所です。不要品ばかりの納戸や押入では、神さまも守りがいがなく出て行ってしまいます。

納戸神は家に幸運をもたらし、財運をアップさせてくれる神さまです。収納場所には、普段使いしないもの、季節のもの、ずっと使い続けたいもの、大切なものを入れるよう中身を吟味しましょう。

押入の使い方がわからない…

使用頻度、重量で収納場所を分類しましょう

押入は意外にたくさんのものが入る場所ですが、ぎゅうぎゅう詰めにしてしまうと、カビの原因になります。適度な余裕をもたせて収納しましょう。

収納のコツは、軽いものを上に、重いものを下に置くこと。また、季節用品や使用頻度の低いものは奥に、よく使うものは30cmほど戸を開けてすぐ手が届く位置に置きます。

押入は奥行があるので、引出しタイプのケースや、キャスターつきの棚などがあると活用度が高まります。重いものでも、キャスターつきの台に載せて収納すると、取り出しやすくなります。

重いものは下段に、軽いものは上のほうに収納。よく使うものは取り出しやすい位置に置く。

奥行きのある引出しや、キャスターつきの棚や台があると、押入の奥行を有効活用できる。

戸を閉めているのに押入の中がほこりだらけ！

季節の変わり目にほこりを一掃しましょう

布団や衣類をしまうことの多い押入は、意外にほこりのたまりやすい場所です。天気のよい日に、衣替えや季節用品の出し入れを兼ねて行うといいでしょう。

まずは中身を全部出し、四隅までしっかり掃除機をかけ、棚板は固くしぼったプチバスタオルで拭きます。数時間おき、拭いたあとが完全に乾いてから、中身の収納を。布団は窓辺におくだけでも湿気除去の効果大です。

季節外の布団や客用の布団は、圧縮して袋に入れておくと、省スペース&ほこりよけになります。

押入は湿気がこもりがち。においも気になる

風を通すために押入すのこや扇風機を活用

押入内の通風を確保するためにすのこを使います。床面に置くほか、壁面にも立てかけると湿気を防ぎます。すのこと床・壁の間に丸めた新聞紙を置くと、より除湿効果が。新聞紙は湿ってきたら取り替えます。湿度の高い時期は、押入の戸を左右から開け、一方から扇風機を当てて風を通します。

市販の除湿剤も効果的です。半年に1度は交換しましょう。

すのこは床面と壁面に置いて、丸めた新聞紙をはさむと通風・除湿できる。

扇風機で風を送るのも効果的。左右から戸を開けて、空気を循環させる。

押入にカビが発生！どうしたらいいの？

サンドペーパーでこすりエタノールで消毒を

カビはほうっておくと増殖してしまいます。発見したらすぐに除去しましょう。まずは、カビに消毒用エタノールをスプレーし、ぬれプチバスタオルで拭き取ります。乾いたら、目の細かいサンドペーパーか木工用ヤスリで黒い部分を削ります。削り跡はから拭きし、消毒用エタノールをスプレーしてカビを予防します。

クローゼットに服が収まりきらない！

ハンガーの数を限定し、神さまのスペースも忘れずに

クローゼットが整理されていない人は、服選びも苦手です。あふれるほどあるのに、毎朝「着る服がない！」と嘆くのもこのタイプ。神さまも居場所がなくて嘆いています。

服を整理するためには、ハンガーを薄手のものにそろえます。数も服をかけて片手ですっと取れるだけに限定しましょう。色別や長さをそろえるなど、自分で取り出しやすいかけ方のルールを作ると服の管理もしやすくなります。ぎゅうぎゅう詰めでは、風も入らず、神さまも逃げてしまいます。

クローゼットをもっと有効に使うには？

気の通りをよくして小物も上手に収納しましょう

服は、丈をそろえてハンガーにかけます。これだけで気の通りがよくなり、運気アップにつながります。丈の短い服の下にできた空間に収納カゴなどを置くと、1回着用では洗濯しないもの、手袋やマフラーなどの小物を収納できます。

クローゼット扉の裏面に市販のタオルハンガーを取りつけると、ストールなどがかけられます。

クローゼットの中のにおいが気になる

ある程度密閉された場所なら炭で脱臭するのが効果的

防虫剤や防臭剤を置いても、なんとなくにおうクローゼットには、炭で消臭を。木炭を容器に5～6本入れてクローゼットの両隅に置きましょう。炭の吸着効果でいやなにおいを取ってくれます。半年に1度は炭を煮て日に干すと、半永久的に使えます。

バッグの中もいつのまにかゴミだらけになっちゃう

バッグの中のよどみを取ると幸福の気が舞い込みます

新聞紙を広げて中味を全部出します。細かいゴミやほこりもかき出すように取りましょう。バッグが汚れていたら、合成皮革は水気を固くしぼった布で、革製品はから拭きします。

必要なものだけをバッグに戻し、不要品は新聞紙に包んで捨ててください。風も入り、よどみが消え幸運が訪れます。

飾り棚やラックはほこりがたまりやすく掃除も面倒

床用のお掃除シートで手軽に拭き掃除を

普段は、お掃除シートでほこりを取っておけばOKです。ただし、それだけだと細かい部分にほこりがたまってきます。2～3カ月に一度は、ものを動かして拭き掃除をしましょう。木製家具はから拭きが基本です。

本棚の本が湿ってきた？

ほこり除去のついでに年2回は虫干しを

本は湿気もほこりも呼び寄せてしまうアイテム。春と秋は本棚から出してスッキリさせましょう。

本棚から取り出すときは、床用のお掃除シートをぞうきん代わりにして、本の上部のほこりを拭きながら。古い本は、読んだ人の想いが封じ込められているので、日光に当てて浄化させます。本棚に掃除機をかけ、お掃除シートで拭き掃除をして本を戻します。

木製のタンスは拭き掃除ができないの？

基本はから拭きで。汚れにはお酢スプレーを

木製家具の基本的なお手入れはから拭きです。床用のお掃除シートや乾いたプチバスタオルでほこりを拭きます。汚れ部分は、お酢1と水4の割合のお酢スプレーをかけてから、から拭きをします。

お酢スプレーは目立たないところで試してから使いましょう。

ただし、桜、桐、ナラ材の家具は水分は厳禁です。

基本はから拭きで！

引出しの中がグチャグチャ

仕切りを作って分類収納を

グチャグチャの引出しは、金運ダウンのはじまり。中身を全部出して、引出しの中の細かいゴミを掃除機で取り、固くしぼったプチバスタオルで拭きましょう。

取り出した中身は、こわれているもの、使わないものを処分。ハサミやペンなど同じアイテムが複数ある場合は、よく使うものやお気に入りのものだけを残します。

収納する際は、空き箱を組み合わせたり、市販の仕切り板を利用して、引出しの中を仕切ります。仕切りは細かいほうが、ものの置き場所がわかりやすく、片づけもラクに。

引出しを空にして
キレイにしよう

引出しを空にしたら、掃除機でゴミを取り、水気を固くしぼったプチバスタオルで拭き掃除を。

引出しを仕切る
スッキリ

仕切りを作り分類収納。ものの居場所を作ってあげよう。

ツキを呼ぶ！神さまお掃除

ベランダ・庭（門まわり）

ベランダや庭を外からじっくりと他人の目で眺め、不要なものをチェック。ものを整頓させると好印象の家になります。

神さまをお迎えするには外からの見た目も重要！

守ってくれる神さまマップ
天照大神
大年神
ベランダ・庭
志那都比古神

家の中はともかく、ベランダはつい後回しになってしまう
清浄な空気を取り入れるならベランダもきれいな状態に

大きく開口できるベランダは、風が入りやすく、神さまの通り道（P134参照）も作りやすい場所です。外の空気を味わいながら、ほこりを一掃しましょう。

床は玄関ぼうきで、土ぼこりを掃きます。手すりはぬらしたプチバスタオルで拭き掃除をするだけで家の印象までよくなります。

余裕があれば、ベランダの床に水を振りかけデッキブラシで磨き掃除をしましょう。水を使うのが面倒に感じるなら、雨上がりのあと、床がぬれている間に行うのもおすすめです。

ガラス窓の土汚れがひどい

乾いた状態で土を落としてから、新聞紙＋水で拭き掃除を

土汚れは、まず掃き落とすことが大切。汚れが乾燥している状態で、玄関ぼうきかスポンジを使って汚れを落とします。

1
ほうきやスポンジで乾いた土を掃き落とす。

次に、窓に水の霧吹きをかけ、乾いた新聞紙で拭き取ります。新聞紙は1ページを半分に切って丸めると、手で持ちやすくなり掃除がしやすくなります。水と新聞紙のインクが混じり合うことで、窓を拭いているときに界面活性剤となり、ガラス面がきれいになります。ピカピカにしましょう。

2
霧吹きで窓をぬらし、新聞紙で拭き取る。新聞紙は、1ページを半分にして丸める。

サッシは掃除機だと掃除しづらい！

プチバスタオルとわりばしで溝掃除も簡単です

わりばしにぬれたプチバスタオルをかぶせて、鉛筆を持つような手つきで溝を拭きます。掃除機ではゴミやほこりが取りきれない細かいところまで、確実にきれいになります。

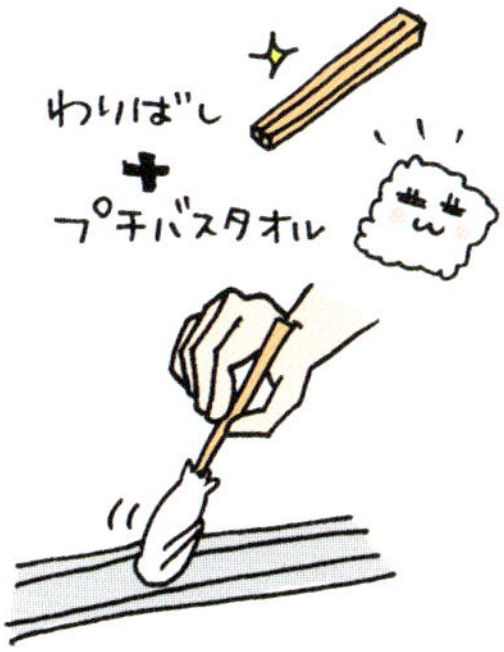

サッシのゴムの黒い汚れはもしかしてカビ？

ゴムに発生しやすい黒カビはお酢スプレーで除去します

ゴム部分の黒ずみはカビです。お酢スプレーを吹きかけ、古歯ブラシでこすり落としましょう。黒ずみがひどいときは、クレンザーをかけ、同様に古歯ブラシでこすります。どちらも最後は、水拭きをします。

網戸はどんなふうに掃除をすればいい？

スポンジでほこりを払うだけでもＯＫ！

ほこりがたまった網戸は、ぬれぞうきんや霧吹きを使うと逆効果。二層スポンジの堅い面を使って、横方向に動かし、上から下へとほこりを掃き落とします。乾いた状態で行いましょう。

ベランダに排水口がなくて水を流せない！

新聞紙や古着を活用して掃き掃除を

ベランダなどは水を流して掃除ができればいちばんですが、水が流せない場合は、新聞紙や古くなったTシャツを活用します。

好みの大きさにカットし、水に濡らしてベランダの床にまきます。ほうきで掃くと砂ぼこりなど細かい汚れも、きれいに取り除けます。

ハトのフン害がひどい！

ハトのフンは病原菌に注意！すぐに除去し消毒を

ハトのフンにはさまざまな病原菌が潜んでいます。掃除の際にはマスクを着用し、なにより重要なのは、フンを周囲にまき散らさないこと。乾燥状態での掃き掃除は厳禁です。

乾燥している場合は、霧吹きで湿らせてから新聞紙やキッチンペーパーで取り除き、水気をしぼったプチバスタオルで拭き取ります。汚れ物はすぐにビニール袋に入れ密封します。仕上げに、水1リットルに塩素系漂白剤キャップ1杯を混ぜたものを霧吹きでまんべんなく吹きかけ消毒します。

門まわりの掃除を簡単にしたい！

雨が掃除どきを知らせる幸運のサインです

門まわりの表札やポストはきれいにしておくことで神さまが家を見つけて、すんなり入ることができます。

門まわりの掃除は雨上がりがいいチャンス。雨でぬれているので、プチバスタオルで拭くだけできれいになります。

庭掃除ってなにをすればいいの？

雑草・落ち葉・ゴミの除去が基本のお掃除です

庭掃除のポイントは育てている植物が育ちやすいようにすることです。雑草を取り除き、落葉やゴミを拾いましょう。仕上げに掃き掃除をすればカンペキです。

神さまがやどる！ お掃除カレンダー

「毎日のお掃除」は、小さなゴールを作ると必ずできるようになります。
まず1カ所を「きれい」にすると、「汚い」ところが目立ってきます。
「きれい」が増えると、居心地のよさを実感し、それをキープしたくなります。

毎日のお掃除コレだけはしよう！

「ジメジメ」と「こびりつき」をなくせば、神さまがやどります。

風を通す

➡窓を開ける、部屋のドアを開ける

四隅のほこりをとる

➡ペーパーモップや化学繊維のはたきを利用して

気づいたとき、余裕のあるとき

➡シンクや洗面台の水滴をぬぐう、こぼしたら拭く、ゴミが落ちていたら拾って捨てる

お掃除するときは「単位」ごとに！

部屋ごと、スペースごとの「単位」は、自由です。「今日は小さな単位で」「今日は大きな単位で」と、自分で決めることが大切です。トイレの床や洗面ボウル、シンクの中と、短時間でできるところから浴室全体というふうに、大きな単位を目標にしましょう。そして、汚れ・悪臭・ほこり・カビ・湿気の5大不浄（P62参照）を清めましょう。

"きさいち流"お掃除曜日カレンダー

どこから始めればいいか迷ったら、曜日別のピンポイントお掃除を。ひと月でおうちも心もピカピカです。

月	玄関	月（ツキ）を呼ぶ、神さまの出入口。窓とドアを開け、朝のうちにゴミを掃き出します。下駄箱も拭き清めます。
火	火まわり	火の神さまのやどるコンロやグリルをお掃除。こびりつきを取り、調理しやすいように、調理器具の手入れも。
水	水まわり	キッチン、お風呂、洗面所、トイレなど水のあるところを徹底掃除。「5大不浄」が発生しやすいので念入りに。ジメジメは厳禁。
木	柱、家具	木でできたタンス、ドア、机、柱などのほこりを払い、プチバスタオルなどで磨きます。棚や引出しの中の小物を整頓するのも吉。
金	金属	金運アップのために、ドアノブ、アクセサリーやカトラリーなど金属の神さまのやどるエリアをお掃除。食器類もおすすめ。
土・日	土、外まわり	庭やベランダに落ちているゴミを拾い、雑草を抜き、窓を拭きます。外から家の中を見て、お客さまの目線で掃除し直してみましょう。

季節ごとにしたい掃除

春	3・4・5月	期末や新年度には、不要品を処分。暖房器具もきれいにしてしまい、春へと模様替えします。
梅雨	6月	カビに悩まされる季節。換気扇やエアコンの除湿機も使ってジメジメ感を飛ばします。
夏	7・8月	お盆の前までに、家具をどかし、ほこりを除去。梅雨の間にできた壁の黒カビも退治します。
秋	9・10・11月	秋晴れの日に布団や大切な衣類、季節ものを虫干しします。
冬	12・1・2月	暖房器具は使う前に、汚れや破損などを点検して。日が短いので、どんな掃除も午後3時までがリミット。

年神さまも大満足！

大掃除大作戦！

一年でいちばん大切な掃除は、年神さまを迎える年末の掃除。昔は新年に1つ年をとることから、自分自身を磨くために年末を過ごしました。12月13日に行う「すす払い」から2週間は、家磨きを目指しましょう。

年神さまを迎える大掃除のポイント

ポイント1

ふだんしない所をする

たとえ毎日掃除していたとしても、人間は習慣の動物。四角い部屋を丸く掃くように、一度ついたクセはなかなか取れません。**年に1度の大掃除は、**いつもの行動を見直し、**見逃していたところをきれいにするチャンス**でもあります。思わぬところが汚れていてビックリ。

ポイント2

家族で一緒に

本来、クリスマスや正月は神聖な日として過ごします。**家族がそろう年末は、皆で家磨きのチャンス**です。子どもには、「スポンジはしっかり握るときれいにこすれるよ」「窓がきれいになると向こう側がよく見えるよ」といった、具体的な説明をしましょう。

ポイント3

神さまをもてなすつもりで

お正月は家族だけで過ごす家も増えてきました。だからこそ、**お客さまの目になって点検**しましょう。悪臭はないかな？　玄関から客室、トイレの動線は汚れていないかな？　特に水まわりは重要です。汚れは、家や人を老けさせ、神さまも近よりません。

ポイント4

目安は「気持ちのよさ」

「大掃除はキリがなく大変そう」と思っている人は、外から家を見てみましょう。外がスッキリしてくると、さわやかな風が家中を巡ります。ほこりだらけの網戸では清らかな風は通りません。窓からの景色を「家の額縁」と思い、「気持ちいい」と感じる掃除を。

大掃除を乗り切る 14日間スケジュール

1日目 不要品の処分

ポイント1

収納場所掃除▶ P108-113

ほこりやジメジメを一掃します。納戸や押入も開けて不要品を出し、**粗大ゴミの日に合わせて処分**しましょう。来年のフリマに出そう……などと未練を引きずると、ゴミが年を越してしまいます。

2日目 食器棚

ポイント1

キッチン掃除▶ P86-95

クリスマスやお正月のごちそうに備えて、**湯のみやカップの茶しぶを落としましょう。**グラスは麻の布で拭くとピカピカに。このとき食器棚も整理し、ヒビやカケの器を処分。**おはしには神さまがやどるので新品にするタイミングです。**

3日目　下着整理

ポイント1

収納場所掃除▶ P108-113

新しい年は新品の下着で迎えるのが年神さまへのマナーです。準備をしつつ、古い下着は処分しましょう。はさみでざっと切ってから紙に包んで捨てます。ついでに、クローゼットやタンスの中も整頓をするといいでしょう。

4日目　天井・照明器具

ポイント1

照明器具は外し、から拭きします。天井はほこりを払います。ペーパーモップやほうきの先に古ストッキングをかぶせ、天井をなでるようにするといいでしょう。落ちたほこりは掃除機で吸います。お掃除は上から下へが基本。カーテンレールも一緒にどうぞ。

5日目 電化製品

ポイント2

テレビ、冷蔵庫などの家電とパソコンの汚れを一掃。ほこりを払ってからメラミンスポンジで手あかを落とします。コードとプラグのほこりもから拭きを。パソコンや音響デッキは専用クロスを使います。

6日目 壁・ドア

ポイント2

家具をどかしてから、**お湯をしぼったぞうきんで壁全体を拭いたあと、から拭きを。**コンセントやスイッチまわりの手あかはメラミンスポンジで落とします。ドアはのぞき窓の枠まで拭きます。家族で分担を。

7日目 家具

ポイント2

ソファ、クローゼット、テーブルなどいつも使う家具を重点掃除。**家具の脚も、床と接する部分まできれいに拭きましょう。**から拭きか水拭きかは材質によるので、使い分けます。

8日目 カーペットのシミ

ポイント2

普段は目をつむっているシミをチェック。おしゃれ着洗い用の洗剤を倍量の水で薄めて少しつけ、古布で叩いて汚れを浮かせます。その後、水拭きとから拭きを。**目立たないところで試してから**がおすすめです。シミ探しは、家族でやるとすぐ終わります。

9日目 キッチン

ポイント3

キッチン掃除▶ P86-95

神さまを迎えるには、ジメジメと焦げつきは厳禁。こびりつきは、泡湿布で。汚れをゆるませるのでラクに取り除けます。**プチバスタオルを用意し、惜しみなく使い捨てながら換気扇からシンクへ。**冷蔵庫内も、きれいにします。健康と家族の幸せが生まれます。

10日目 洗面所・浴室

ポイント3

洗面・脱衣所掃除▶ P102-107

水まわりは、神さまを迎えるのに必須のエリア。乾いている状態を意識して拭きます。美しさのパワーアップには、特に**鏡と化粧品を集中的に**。汚れたパフや、折れたまま使っていない口紅、古いポーチは運が落ちるので処分しましょう。

11日目 トイレ

ポイント3

トイレ掃除▶ P70-75

トイレットペーパーに重曹を包んで縁につめこみます。仕上げにお酢スプレーをかけ、1時間ほどしたら流します。それでも落ちない尿石などはサンドペーパーでこすります。最後に便器内に清めの塩をまき、よく手を洗いましょう。

12日目 ベランダ・庭

ポイント4

ベランダ・庭掃除▶ P114-117

観葉植物の葉っぱのほこりは、霧吹きで水をかけながら化粧用コットンで拭きます。ウッドデッキなどはデッキブラシで掃除。**天気予報をチェックし、晴天の日に決行を。ゴミを拾うだけでもOK。**

13日目 窓・網戸・サッシ

ポイント4

ベランダ・庭掃除▶ P114-117

窓は開けると清らかな風を通してくれる神さまの道しるべ。大掃除では、**サッシの溝や網戸の縁など、細かい部分もていねいに**掃除を。普段はほこりを払うだけの網戸も、仕上げに拭き掃除をするとスッキリ。

14日目 玄関・掃除用具

ポイント4

玄関掃除▶ P64-69

門、玄関の表札、天井、靴箱の隅などをお掃除。仕上げははたき、ほうき、掃除機など**道具をきれいに**します。お清めもかねてお香を焚くか、塩を振って、お正月飾りを。

大掃除
書き込み計画表

大変だなと思う大掃除も、計画を立てて書くことで、気持ちが前向きになってきます。お掃除日の欄に掃除する日付を記入しましょう。連続した日付でなくてもいいですし、大掃除が必要ないエリアは無視してかまいません。お掃除メモには、掃除の内容や家族の役割分担、気づいたことなど自由に書き込んでください。

お掃除日		お掃除エリア	お掃除メモ
1日目	／　（　）	不要品の処分	
2日目	／　（　）	食器棚	
3日目	／　（　）	下着整理	
4日目	／　（　）	天井・照明器具	
5日目	／　（　）	電化製品	
6日目	／　（　）	壁・ドア	
7日目	／　（　）	家具	
8日目	／　（　）	カーペットのシミ	
9日目	／　（　）	キッチン	
10日目	／　（　）	洗面所・浴室	
11日目	／　（　）	トイレ	
12日目	／　（　）	ベランダ・庭	
13日目	／　（　）	窓・網戸・サッシ	
14日目	／　（　）	玄関・掃除用具	

Osoji Column
お掃除コラム

掃除は神さまのお祀りごと

神事にはさまざまな儀式があります。その目的の多くは、神さまをその場に招いて、お酒や食事でもてなし、人々の加護を願うというものです。

その儀式の前に必ず行われるのが「お祓い」や「お清め」です。それによって、その場を清浄にし、清らかな状態にすること。いわゆる掃除です。祓い清めることで、神さまをお呼びする準備ができたということになるのです。掃除は神さまのお祀りごとに欠かせない儀式といえます。

掃除は、昔からとても宗教性の高い神聖な行為です。特にほうきは、ほうき神がやどり、疫病神や怨霊を祓い取り除いてくれるものとされ、ていねいに、大切に使われてきました。すでに、5世紀ごろの古墳時代には登場し、祭祀の道具として用いられていたようです。ヨーロッパなどでも、ほうきは魔女の使う道具として呪術的な意味合いを持っていました。

今でも、神社やお寺などでは、掃除は大切な日課です。掃除をすることで、神仏を迎える準備をするというのは、個人の家の中だけに限ったことではないのです。

ちなみに、ほうき神は出産にまつわる神でもあり、新しいほうきで妊婦のおなかをなでて、安産を祈願する習わしがあります。ほうきを逆さにして立てると、霊がやどり、長居している客が帰るというおまじない道具としても活躍しています。

第3章

もっと人生が好転する！おうちパワースポット化計画

友人のいずみ
おじゃましまーす
どーぞー
あれ なんか ゆうの部屋 きれいに なってない⁉
ピカ
ピカ
前と全然ちがう
へへっ
これ おみやげ
CAKE
前は……
ちょっと 待っててねー
ごめん 散らかっててー
ささささ
大丈夫…
たまごボーロ
……
……
ハハハ
CAKE
でも本当に きれいになったよ
どうしたの？ 急に掃除 がんばっちゃって
それがね

実は日本のおうちには神さまがいるんだって
こないだテレビで家を守ってくれる神さまに感謝しながら掃除してお金持ちになったっていう人が出ててね
家の神さま？
テレビで見たときは
神さまに感謝していつも掃除を心がけています
半信半疑だったけどさー
毎日掃除をするようになったらなんと‼
ジャーン
南銀商店街の福引きで商品券が当たったの！
1万円
1万円分
掃除して見つけた福引き券だったんだー
南銀の福引きで当たるなんてスゴイ‼
マジでー
私ティッシュばっかだよ!!
お金に関係ないけどのぶちーとのケンカも減ったし
汚くてイライラしたりもしなくなったよ
へーっ

結果いいことも
あったし、
部屋もきれい
になるし
よかったね
うん♡
自分でも
びっくりだよー
エヘヘ♡
なんか
ゆうんち
パワー
スポット
みたい
なに
それー
パワー…?
簡単に言うと
パワーが
みなぎる
場所かな
そこに行くと
元気になれたり
いい気持ちになったり
するんだってー
神社とか神さまが
祀られてる場所も
パワースポット
っていわれてるよ
ふーん
それぐらい
落ち着く
部屋に
なったよ!
えーー
ホントー
うれし〜
おうちを守って
くれてる神さまも
居心地よく
いてくれたら
いいな
ワー
くつろげるわい
ムフフ

それで うちのダンナがさ
あとさ テレビで
友だちが カレと…
のぶちーが ニーで あーで
アハハ
この前ドラマで山Pが
あれ超泣けたよね
ペチャクチャ
ギャハハ
プププ
アハハ
やばっ もう6時
わぁ ホントだ
ごめーん ゆうんち居心地よくてつい長居しちゃったよー
バイバイー
バイバイ
またねー
また近いうち来ていい? おみやげ持ってくるから
手ぶらでいーよっ
OK!
おじゃましましたー
ムフフ パワースポットみたいなんて言われちゃった
掃除してから、なんか人がよく集まるし、家が心地いいな〜
ニヤ ニヤ
よーし いっそのこと おうちを パワースポット化 しちゃおう!

パワースポット化
その1

神さまの通り道　風の法則を知ろう

おうちをパワースポットにするためにまず意識したいのが、神さまの通り道です。見た目はきれいな部屋でも、空気が動かない閉め切った部屋の中では、湿気やほこりの巣となってしまいます。神さまの**開運パワーをより発揮してもらうためには、神さまが幸運を運びやすいよう、浄化された気持ちよい通り道を作ることが大切**です。

神さまも、この通り道を通って外からやってくるのです。

昔の家と今の家の違い

昔の日本家屋は障子を開けるたびにすきま風が吹き込み、畳からも冷気がはい上がってきて、冬の厳しさはひとしおでした。一方、夏は障子や扉を開け放つと、土間や庭からの風で、家のどこにいても涼むことができました。

海に囲まれて湿度の高い日本の家々は、障子や欄間など開放部分が多く、湿気を逃し、夏を快適に過ごせるように風通しよく工夫されていたのです。

しかし、現代の家は、サッシの窓やドアで仕切られていて、密封性が高いため、自然の風はあまり通ってくれません。そこで、朝起きたら、また、外出から帰ったら、ほんの1分でも、まず窓を開けて空気を入れ換えることをおすすめします。

空気の入れ換えには、風の入口と出口が必要です。**窓は2カ所以上開ける**ようにしましょう。たとえば、玄関とベランダの窓、寝室とリビングの窓など。実際に窓を2カ所開けてみて、風が通るか確認してみるとよいでしょう。**各部屋に風が通るように、風の入口と出口を作ります。**ただ吹き抜けるだけでなく、部屋全体をまわって抜けていくので、よどみを逃し、空気の入れ換えができます。

これが風の通り道

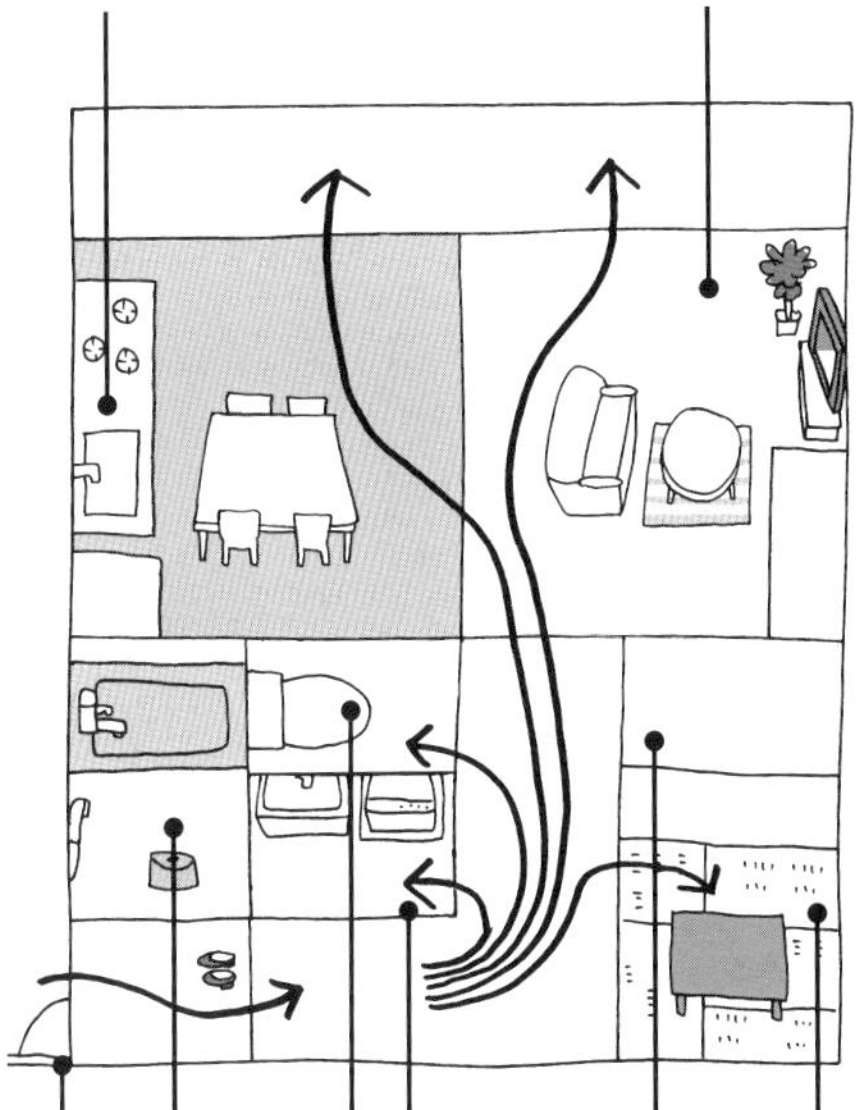
キッチンの
換気扇を回す。
リビングの入口と
窓を開ける。
浴室の
換気扇を回す。
洗面所の
換気扇を回す。
和室の入口と
窓を開ける。
玄関の戸を
開ける。
トイレの
換気扇を回す。
納戸や押入は、戸
をときどき開ける。

❀ 風の通り道は神さまの通り道

家の中に風の通り道を作るには、ふだん開けない窓も開けてみる、換気扇を回してみるなどして空気の流れを感じてみます。そして、**風の通り道を作ったあなたは幸運**です。なぜなら、それこそが気の流れで、神さまの通り道だからです。立っているだけで、やわらかな風がほおをなでていくのを感じるでしょう。落ち込むことがあっても、そこに座って深呼吸するだけで心が安らいでくるはずです。

風の流れというのは、目に見えません。**いつもよどんだ空気の中にいると、それに気づかないほどよどみに慣れてしまいます。今日は、神さまが通っているかな？　と風の気配、気の流れを感じながら過ごせる人になりましょう。**

屋外の場合、真夏の炎天下でも涼しげでいる人は、その人の体が風の通り道を覚えていて自然とその道を選んで歩いているからです。たとえ満員電車の中でも、風の動く場所があります。一方、冷房も扇風機もまったく届かない、よどんだスポットもあるのです。

もしも、風の気配がよくわからない……という場合は、神社やお寺に出かけてみることをおすすめします。特に鳥居や本堂へとまっすぐ延びる参道は、神さまの通り道そのもの。緑をなでていく風の清らかさを感じてください。世界遺産のひとつである中国の紫禁城には三本の道があり、中央の皇帝の道は、真夏でも涼しい風が吹いているのだそうです。

よどみをなくすプチ習慣

風が通らない場所は、光も当たりにくい場所であることが多いもの。押入にしまいっぱなしの布団が湿って冷たいように、そこにはよどんだ空気がこもっていきます。

キッチンや浴室の湯気は水蒸気となって高いところにいったん広がってから、暗くて湿った場所や部屋の隅などにたまって、カビやダニの発生源になっていきます。部屋と外に温度差があると窓に結露ができるので注意を。この湿気を放っておくと、においの発生源にもなります。料理中や浴室での給湯時には必ず換気扇を回しましょう。

湿気は家を老けさせる第一の原因です。梅雨どきは、エアコンのドライ機能か除湿機で湿気を取り除きます。風の抜ける途中の道に扇風機を置くのも効果があります。窓が開けられないときは、**換気扇を回すだけでもかまいません**。雨の日の洗濯物は、できるだけ乾燥機で乾かします。雨が吹き込まない日は、少し窓を開けて扇風機を回してもよいでしょう。湿気予防には、水をこぼしたらすぐに拭く、といった小掃除の習慣も大切です。

また、**風の通り道には、風の流れを遮る家具類を置かないこと**。神さまが通るのを感じるためには、人も歩ける動線を心がけましょう。花粉症やアレルギーの人は、花粉が飛びやすいお昼から夕方までは避け、午前中に換気します。

パワースポット化
その2

急な来客もＯＫ　神さまお片づけをマスター

「毎日のお掃除」をしていると、予定外のお客さまでもあせりません。普段から他人の目で家を見渡せるクセをつけましょう。お客さまも外からいい気を運んできてくれます。見た目をよくする、お片づけポイントを覚えておきましょう。

ポイント1◎避難させる

干しっぱなしの洗濯物や出しっぱなしの本、おもちゃなどはすべてお客さまをお通ししない所に避難させます。押入やクローゼットの中に、すきまを作っておきましょう。

ポイント2◎目隠しする

生活感ただよう乱雑な棚などは布をかけましょう。部屋の雰囲気と調和のとれた色の目隠し布を用意しておくと便利です。

ポイント3◎見せる

お客さまの座る位置から見える部屋の風景が大事。壁のシミが見える位置などには座らせないこと。絵やポスター、観葉植物など、正面には「見せる」ものを。きれいなものを意識しましょう。

ポイント4◎飾る

第一印象を決定づける玄関に、とっておきの鉢や置物を移動。靴などを片づけるのはもちろんですが、お香も焚いて玄関特有のにおいを消しましょう。

ポイント5◎一点集中

テーブルの上はまっさらにします。食べこぼしのついたクロスなども取り除き、水気をしぼったスポンジで拭きます。大きめの天板があると、そこがきれいで何もないだけで家も住む人も、引き締まって見えます。

5つのポイントは超特急でやれば10分もかかりません。付け焼刃だとバレても、自分を迎えるためにきれいにしてくれたという気配に、お客さまは喜んでくださるはずです。お菓子よりも何よりも、お掃除・お片づけはおもてなしになります。

最後に、自分をきれいにするのもお忘れなく。ジャージ姿のときにピンポーン、なんてことにならないよう、着替えも準備。さっぱりした格好で、「嬉しくて、いつもより少し片づけました」とお迎えしてください。

パワースポット化その3

神さまのためのイベント　年中行事を見直す

✿福を呼ぶハレのしきたり

四季のはっきりしている**日本では、二十四節気という季節の変わり目ごとにさまざまな行事がありました。**

太陽の動きに合わせて1年を24等分し、それぞれに「大寒」など季節の移ろいを表した二十四節気は、「そろそろ寒くなるころだから、大根を寒干ししてたくあんを漬けよう」「暑くなる前に着物を洗い張りしよう」というように、自然に暮らしの節目や道しるべとなっていたのです。

年中行事の中には、千年以上も昔、中国から渡ってきたものもあります。日本では宮中をはじめ貴族や武家に伝えられていく中で、少しずつ姿を変えていきました。また、農村社会の中では、豊作を願いさまざまな行事が行われてきました。これらのものが今日の日本のしきたりにつながっています。

天気頼みの農業は、自然ときってもきれない神事です。自給自足をしていた時代は天気が生死をも左右したため、身分の高い人もそうでない人も、太陽や風の神さま、水の神さまに祈り、心をこめてお供えやお祭りを準備しました。

季節を感じ取れる暮らしをしていないと、神さまが人間を守っていてくださることを忘れてしまいます。目に見えない神さまは、人間が意識しないと「いない」ことと同じになってしまうのです。

毎日の小掃除が、神さまの場をつくる日常「ケ」の行いなら、季節ごとの行事は、神さまの喜ぶ「ハレ」の行いといえるでしょう。**神さまを喜ばせる行いを大事にすることで、おうちの神さまが幸運を授けてくれます。**

二十四節気

季節	節気	時期（頃）	意味
春	立春	2月4日	春の気配が感じられる
	雨水	2月19日	氷が溶けて水になり、雪も雨に変わる
	啓蟄	3月5日	地中で冬ごもりしていた虫が地上に出てくる
	春分	3月21日	春の彼岸の中日、昼夜の長さがほぼ同じになる
	清明	4月5日	草木が生き生きとし、清らかに見える
	穀雨	4月20日	穀物をうるおす春雨が降る
夏	立夏	5月5日	夏の気配が感じられる
	小満	5月21日	草木が生長し、天地に満ち始める
	芒種	6月6日	稲や麦などの種まきを始める
	夏至	6月21日	昼の長さがもっとも長くなる
	小暑	7月7日	梅雨明けが近くなる
	大暑	7月23日	夏の暑さがもっとも厳しくなる
秋	立秋	8月7日	秋の気配が感じられる
	処暑	8月23日	暑さがおさまるころ
	白露	9月8日	草木に露がやどる
	秋分	9月23日	秋の彼岸の中日、昼夜の長さがほぼ同じになる
	寒露	10月8日	秋が深まり草木に冷たい露がむすぶ
	霜降	10月23日	山に霜が降りる
冬	立冬	11月7日	冬の気配が感じられる
	小雪	11月22日	冷え込みが厳しくなり山頂が雪になる
	大雪	12月7日	平地にも霜が降り、山に雪がつもる
	冬至	12月22日	夜の長さがもっとも長くなる
	小寒	1月5日	寒の入りで、寒気がましてくる
	大寒	1月20日	もっとも寒さが厳しくなる

神さまを感じられる行事

神さまを感じられる年中行事はさまざま。すべてを行う必要はありません。まずは、興味を持てるもの、楽しめるものから体験してみましょう。

❀1月

正月にやってくる年神さまをお迎えし、おせち料理やお雑煮でおもてなしします。1日はお迎えする日なので、お掃除は厳禁です。

7日は、初春の七草を摘んだ**七草粥**で無病息災を祈り、1月15日の松の内まで正月飾りのもとで過ごします。**鏡開き**では、年神さまに供えた鏡もちを割り、おかきやお汁粉にして、神さまと同じものをいただきます。

❀2月

節分（立春の前日）では、豆をまいて鬼を祓います。鬼とは、外からやってくる病気、天災、はたまた貧乏神や疫病神、事故などを象徴したものです。豆は、鬼を追い出すパワーのある食物と考えられています。豆を自分の年の数より一つ多く食べると、風邪をひかないと伝える地域もあります。

３月

桃の節句で女の子の健やかな成長を祝います。もともとは、心身のけがれを人形に移して流し去る行事でした。ひし餅やひなあられは、神さまへの供え物なので、一度ひな段から神棚に供えます。

昼と夜の時間がちょうど半分ずつになる春秋の**お彼岸**（３月・９月）は、太陽が極楽のある真西の方角に沈むので、あの世の霊を供養する事が大切とされています。お墓参りに出かけましょう。

４月

花見として桜を愛でるようになったのは平安時代からだといわれます。桜がきれいに咲いた年は豊作になると考えられていました。一方で、桜が散ると悪霊や疫神も一緒に飛び散ると信じられ、それを防ぐために京都では「やすらい花」という行事が行われます。鉦《かね》や太鼓をならし、踊りながら町をまわるお祭りです。

5月

中国から来た「菖蒲で夏の厄病のお祓いをする行事」が**端午の節句**です。これが、菖蒲=尚武（武を尊ぶ）となって、男の子の成長を祝う節句へと変わりました。清々《すがすが》しい香りの菖蒲は殺菌作用もあり、食中毒や風邪などの厄を祓ってくれます。

6月・10月

宮中儀式だった**衣替え**。もともとは、陰暦の4月と10月に行われていました。多湿の夏や、乾燥の冬に向けてタンスの中を整理し、厄を追い出します。6月はカビやダニの繁殖期、10月や11月はダニのフンや死骸が出る時期です。

7月・8月

医学の発達していなかったころは、瘴気《しょうき》（悪い気）のあがってくる夏は人が亡くなりやすく、災害もたびたび起こりました。そうした厄を祓おうと、疫神たちを送り出す行事が生まれました。**お盆**は祖先の霊を迎えるだけでなく、そうした疫神を送り出す意味をもっていたのです。**花火大会**も、もとは霊を送り出す「送り火」。迎え

るときも送るときも、火で清めるのです。

9月・10月

陰陽道では奇数が陽とされ、おめでたいと考えられています。その陽の数で、もっとも大きいのが9。9がふたつ重なった「**重陽の節句**《ちょうよう》」が9月9日です。めでたい日とされ、無病息災と長寿を願って菊酒をくみかわします。秋分の前後ひと月の間に、**中秋の名月**（旧暦8月15日）があります。月を神として崇め、実りを感謝するものです。

12月

日の入りがもっとも早くなる頃が「**冬至**《とうじ》」です。一年でいちばん太陽の力が弱まるため、神さまや人間の霊力も弱まると考えられていました。そこで、かぼちゃやあずき粥を食べたり、ゆず湯に入ってみそぎします。かぼちゃは「南瓜《なんきん》」ともいいますが、冬至の日に「ん」のつくものを食べると運気が上がったり、風邪をひかないというい伝えもあります。

この頃から31日にかけては、**年越しの準備**をします。すす払いは、単に掃除のことではなく、お清めの儀式であり、年神さまを迎える神聖な準備です。

パワースポット化
その4

神さまのおうち　神棚を作ろう

❀いつでもお参りできるおうちの神社

神道と仏教をあわせて信仰していた日本では、仏壇と神棚の両方がある家が少なくありません。

血のつながった先祖の位牌などを祀っているのが仏壇。仏教の本場であるインドやチベットでは、祖霊を家で祀るという発想がないため、仏壇は日本ならではのものです。

人は亡くなると仏になるといわれますが、法事などの供養が重ねられて一定の年数が経つと、弔い上げがされて個性を失った「祖霊」になります。これが日本人の伝統的な神さまの観念ですが、それ以外にも地域には、それぞれに氏神さま（産土神《うぶすながみ》）がいます。そうした**氏神さまのお札や自分の参拝した神社のお札をお祀りしておく場所が神棚**です。

神社にお参りをするとき鈴を鳴らして、「神さま、聞いてください」と呼びますね。つまり、神棚はおうちにある小さな神社なのです。

❀祀るお札は3種類

宗派のしきたりに従わなければならないことが多い仏壇に比べると、神棚は誰でもしつらえられます。メインのお社からお供えの器まで神具店にそろっていますし、大きな神社やホームセンター、インターネットでも取り扱っています。材質により価格差がありますが、お手ごろ価格だと神さまが住めないということはありません。**自分で考えた神棚でもよい**のです。大切なのは、きちんとお祀りでき、毎日お世話することです。

神棚は、太陽の昇る東または南を向いているのがよいとされていますが、無理ならばほかの方角でも大丈夫。人間の目線より高い、明るく清潔なところであれば十分です。人が集まるリビングなどがおすすめです。

設置するときは人間界との区別をつけるため、注連縄《しめなわ》を張ります。正面に神鏡かお札、左右に榊《さかき》の葉とお神酒《みき》を入れる瓶子《へいし》を立てます。これらがすべてセットになったものもあります。前面の扉を開け、お札をお祀りします。お札はよく行く神社や、初詣の神社などで拝受します。

お札の祀り方
中央……天照大神。家を守る母のような神さまのお札
右……氏神。地元、地域の神社のお札
左……その他の崇拝する神社のお札

毎日のお供えと、ハレの日のお供え

神棚には、**炊きたて、または洗ったお米、お酒、お水、榊そしてお清めの塩を供えるのが基本**です。米と塩は縁起のいい山型に盛り、水を水器に入れ、毎朝取り替えます。月の1日と15日には、榊とお酒を取り替えます。成功している会社の神棚には、いつもみずみずしい榊が生けられているといいます。

特別なものとしては、その季節の初物や、めずらしいお菓子をいただいたときにもぜひお供えを。試験に合格するなど嬉しいことがあったときも、合格通知など、形のあるものを奉って報告するといいでしょう。年末年始には新しいお札をいただいて、破魔矢《はまや》などの縁起ものとあわせてお祀りします。古くなったお札や縁起ものは、神社に納めてお焚き上げをしてもらいましょう。

お供えした食べ物は、下げていただきます。神さまのお下がりをいただくと、パワーがつきます。

清らかな場所なら神棚でなくても大丈夫!

神棚を設ける場所がないという場合は、自分のできる範囲でお祀りしましょう。

家の中のトイレやお風呂から離れた一角をお掃除で清め、白い布か半紙を敷きます。位置が高くなるよう、タンスなどの上がおすすめです。お札を置き、水をお供えすれば、そこが神さまの「結界」です。破魔矢などの縁起ものもお祀りしましょう。もちろん、本物の神棚と同じく、毎日水を取り替えて、きれいに拭き清めます。

はじめは半紙一枚だけの神棚だったものが、毎日敬ううちに家運が回りだし、大きな家に引越せた……というケースもあります。神さまが導いたのかもしれません。

神棚のお掃除で運が微笑む

神棚や清らかな場所は、高いところだけにほこりがつきやすいもの。掃除はまめにしましょう。**神棚を設置したら、ほこりは寄せつけないようにします。**神聖な場所を意識しましょう。細かなところをていねいにお掃除すると、全体がスッキリします。さらに**布などで拭き清めると、神棚全体が美しく輝きます。**

この「美しい」を超えるお掃除は「きよら」といい、結界が張られているような清らかさが生まれます。そこは、まさにおうちの神社です。

パワースポット化
その5

家を守る神さまの護符を飾ろう

✿護符は神さまの言葉

神社に参拝したら護符《ごふ》を求めましょう。**護符は神仏の像や名、呪文などがきれいな紙や木札に書かれたものです。**文字が神の言葉だと信じられていた、古代中国がその発祥です。

護符にはいろいろな種類があります。各神社の御祭神や寺院の御本尊の名や像が書かれたもの。また、「諸願成就」「交通安全」など、お願いそのものが書かれているもの。神棚に置くお札のほか、携帯できる肌符、門柱や壁に貼りつける門符、枕や布団に敷く敷符などがあり、神棚がなくてもつけられます。

シールやステッカータイプは、目線より高い位置に貼ります。お守り型なら、土鈴などの鈴がついていると、音が厄除けになってパワーアップします。

また、護符は自分で作ることもできます。言葉には言霊《ことだま》がやどるので、その言葉を自分で書いて力をもらいましょう。護符を貼るときには、画びょうなど刺すものは避け、のりや両面テープを使います。

いずれも効き目は約1年。家族の身代わりとなって厄をつけてくれたので、1年後に神社やお寺へお返しし、かがり火でお焚き上げしてもらいます。または、清めの塩ひとつまみと一緒に白紙に包み、処分します。

自分で作る護符

護符は半紙などの和紙に墨で文字を書きましょう。

蘇民将来子孫家門《そみんしょうらいしそんかもん》

【ご利益】家内安全・無病息災
牛頭天王《ごずてんのう》は旅の途中で宿を借りようとしましたが、裕福な巨旦《こたん》将来はこれを断りました。しかたなく巨旦の兄の貧しい蘇民《そみん》将来のもとへ行ってみると、蘇民はあたたかくもてなしてくれました。後に牛頭天王は巨旦一族を滅ぼしましたが、蘇民の家族には厄除けの護符を渡して助けました。末代までも難を逃れるという意味です。
京都の有名な祇園祭は、この牛頭天王の怒りをおさめるための祭り。関西では、家内安全や無病息災のお守りとして門口に吊されたり、鴨居に飾られたりしています。

立春大吉《りっしゅんだいきち》

【ご利益】夫婦円満・無病息災
縁起のいい左右対称の形の言葉で、禅宗によく見られる護符です。立春の早朝に墨で書き、玄関や柱に一年間貼って、夫婦円満・無病息災などの厄除けにします。

笑門来福《しょうもんらいふく》

【ご利益】家内安全・平穏
「笑う門には福来る」という意味の言葉です。玄関など家の入口に貼り、家内安全・平穏を祈ります。

一陽来復《いちようらいふく》

【ご利益】商売繁盛・金運アップ
一陽来復とは、太陽が復活するという意味で、悪いことが続いたあと物事がよい方に向かうこと。玄関の内側に貼るときには、その年の恵方に向けて貼る場合もあります。神社などでは冬至から立春までの間に配ることが多いようです。

いろいろな護符と飾り方

護符の飾り方や所持の方法には厳密な決まりがありません。地域ごとのしきたりなどがある場合もあるので、授与してもらった神社やお寺などに確認するといいでしょう。ここでは一般的な護符の飾り方を紹介します。

神仏の護符

家全体の守り神なので、神棚があればそこに置きます。なければ玄関か家のもっとも清浄な場所に飾ります。

破魔矢《はまや》（福矢《ふくや》）

「魔を破る」という正月の縁起物です。北東など鬼門とされる方角に矢の先が向くとよいとされ、神棚や玄関に納めます。

鬼の護符

鬼の姿で厄を追い払った元三大師《がんざんだいし》を描いた護符。戸口に向かって左に角《つの》大師、右に豆大師を貼るともいい、空き巣と病難よけになるとされています。

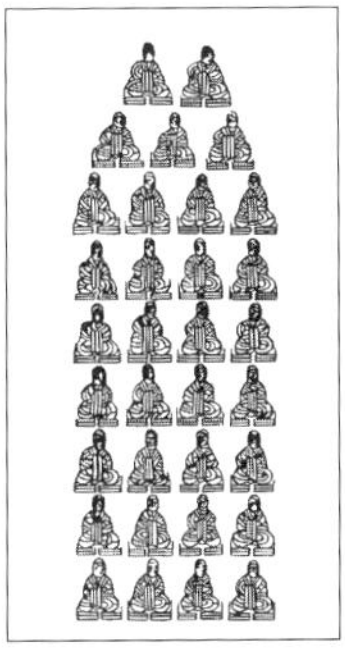

玄関の外に貼るのが難しい場合は、玄関を入った最初のドアの左右でもかまいません。

その他の護符

【三宝荒神《さんぽうこうじん》（かまど神）】　火伏せ、火難よけ。厄よけ。台所の壁か給湯器など、火（ガス）の近くに貼ります。

【諸願成就】　合格祈願など勉強に関する護符は机などに貼ります。交通安全の護符はカーアクセサリーにするなど関連するものの近くに置きます。

【干支の護符】　生まれ年の干支の護符は、その人に開運を授けてくれます。財布に入れる、携帯電話のストラップにするなど、肌身離さず持ち歩ける肌符にすると安心です。

あっ、のぶちー
お風呂掃除
してくれてる
やった〜…♫
ピカ
ピカ
風呂板も
ピカ
ピカ
お風呂
ピカピカに
したよ！
オレって
やるな〜
ありがとー
お礼に
じゃ
トイレはやるね！
任して！
?
う、うん
お礼？
きっとまた
宝くじでも
買ったな
ピン。
トイレの神さま〜♪
でもさー
掃除をして
きれいにしておけば
神さまって喜んで
くれるんだね
ジュースのむ？
飲む
飲む
そう
だな！

部屋もきれいでオレらのケンカも減ったよな〜
仕事も順調だし!
最近いいこと多いし
よーし!
よーしこれからも、もっともっと開運するぞ!
おーっ!!
バシャッ
わーっ
びしょ〜
わああん
ああん
わーごめんごめん
わー下にも垂れてる!
どーしよー
ドタ
バタ
ったくそそっかしいんだよー
着替えとぞうきんだな
ウフフ
おやおやおや

あなたの近くにもいる　地域の神さまリスト

～全国の主要神さまとパワースポット～

名称	所在地	ゆかりの神仏	ひと口ガイド	交通機関
浅間神社	全国各地	木花咲耶姫命《このはなのさくやびめ》ほか	日本一の霊峰、富士山を神格化した神社で全国にお社は約1300。富士山の麓に総本宮が建つ。縁結びと子宝にご利益がある。	総本宮へは身延線・富士宮駅から徒歩10分
出雲大社	島根県 出雲市	大国主命《おおくにぬしのみこと》	国産みの神さまをいただき、恋愛成就に効く。近くの玉造温泉は「神の湯」と呼ばれる癒しスポット。旧暦10月に神在祭あり。	一畑電鉄・出雲大社駅から徒歩7分
高野山	和歌山県	阿閦如来《あしゅくにょらい》、弘法大師《こうぼうだいし》	曼荼羅で有名な密教の聖地。120もの寺院が建ち並び、空海はじめ密教僧たちのパワーが千年の時を越えて伝わる。	南海高野線・極楽橋駅から高野山ケーブルなど
伊勢神宮	三重県 伊勢市	天照大神《あまてらすおおみかみ》(P53参照)	日本の総氏神さまが祀られた日本人のルーツ。お手水で手を洗うだけでもパワーが宿る。社殿の森にも神気がみなぎる。	JRまたは近鉄・伊勢市駅から徒歩5分
氣多《けた》大社	石川県 羽咋市	大国主神	祭神の大国主神が試練を乗り越え須勢理毘売《すせりひめ》と結ばれたことから縁結びの神社として有名。原生林「入らずの森」から神聖な「氣」が漂う。	JR七尾線・羽咋駅からバス
四国八十八霊場	高知・愛媛・香川・徳島	弘法大師ほか	四国に88ある寺を巡礼すると、弘法大師の功徳で願いがかなう。道のりは「お遍路」と呼ばれ、今も老若男女が巡る。	四国の主要都市から日帰り可能
厳島神社	広島県 廿日市市	宗像三女神《むなかたさんじょしん》	推古天皇の御世の593年に創建したとされる、世界屈指の海上社殿。女性とつながりが深く、美や優しさを授けてくれる。	山陽本線宮島口からフェリーで約10分

名称	所在地	ゆかりの神仏	ひとロガイド	交通機関
高千穂神社	宮崎県 西臼杵郡	高千穂皇神《たかちほすめがみ》 ほか	『古事記』に記された、天孫降臨の舞台。天照大神の孫、瓊々杵《ににぎの》尊《みこと》が稲を持っておりてきたとされる。	JR熊本駅・博多駅などから直行バス
屋久島	鹿児島県 熊毛郡	自然神《しぜんしん》	アニメ『もののけ姫』のモデルとなった島。縄文時代の森が残された島そのものがユネスコの世界遺産になっている。	鹿児島港からフェリーほか。空路もあり
吉野山 金峯山寺	奈良県 吉野郡	蔵王権現《ざおうごんげん》	役小角《えんのおづの》が開いた霊山。紀伊半島の霊場として世界遺産に登録されている。古来より桜の名所としても有名。	近鉄・吉野駅からロープウェイ
法隆寺	奈良県 生駒郡	薬師如来《やくしにょらい》	聖徳太子が帝の病の治癒を仏に願って建立したという、最古の仏教寺院。飛鳥時代に渡来した重要文化財の宝庫でもある。	JR法隆寺駅より徒歩20分
愛宕山	京都府 京都市	愛宕権現《あたごごんげん》	京に地震が起こると山が鳴動して知らせたという霊験あらたかな山。火伏せ（防災）の山として知られ『源氏物語』にも登場。	JRまたは近鉄・京都駅、阪急・嵐山駅からバスなど
八坂神社	京都府 京都市	素戔嗚尊《すさのおのみこと》ほか	天照大神と素戔嗚尊から生まれた三女神を祀り、飲むと美しくなる霊水が湧き出る。夏の祇園祭が有名で夏祭り発祥の場所。	JR京都駅からバスなど
浦嶋神社	京都府 与謝郡	浦嶋子《うらしまこ》 （浦島太郎）	舟が海に浮かんだ1階から漁に出られる船宿の町。平安時代建立の神社は浦島太郎伝説に基づくもの。海難よけにご利益。	宮津線・天橋立駅からバス
住吉大社	大阪府 大阪市	底筒男命《そこつつのおのみこと》ほか	伊邪那岐命《いざなきのみこと》がみそぎを行った際に誕生した、底筒男命、中筒男《なかつつのおの》命《みこと》、表筒男命《うわつつのおのみこと》を祀る。本殿は神社建築史上最古の様式で、国宝に指定されている。	南海本線・住吉大社駅から徒歩3分。

名称	所在地	ゆかりの神仏	ひと口ガイド	交通機関
善光寺	長野県 長野市	一光三尊阿弥《いっこうさんぞんあみ》 陀如来《だにょらい》	インドから百済、日本へと伝来した仏教の象徴。江戸幕府に庇護されて発展した寺社は壮大。ご利益は厄除、安全、平和他。	JR長野駅からバス
氷川神社	関東各地	産土神《うぶすながみ》、 自然神《しぜんしん》	荒川流域に水難よけの社として紀元前に創建。約200社の総本社は埼玉県の大宮氷川神社。横浜港の氷川丸も氷川神社由来。	総本社へはJR大宮駅から徒歩20分
稲荷神社	全国各地	稲荷神《いなりしん》	赤い鳥居と狐がシンボル。食物、農業、殖産興業、商売を司り、家を繁栄させる。総本社は京都の伏見稲荷大社。	伏見稲荷大社へは京阪本線・伏見稲荷駅から徒歩5分
秩父観音霊場	埼玉県 秩父市など	観音菩薩《かんのんぼさつ》	34か所の観音霊場を巡ると、現世で犯した罪がぬぐわれる。 寺の間にはのどかな里山が広がり、昔から庶民の信仰の場。	西武線秩父駅前に観光案内所あり
出羽三山	山形県 鶴岡市	稲倉魂命《うかのみたのみこと》、 月読命《つくよみのみこと》、 大山祇命《おおやまつみのみこと》ほか	羽黒山、月山、湯殿山の総称。精霊の集まる山として信仰されてきた。各山頂に神社があり、山内には数多くの社が散在する。	JR鶴岡駅からバス
恐山	青森県 むつ市	地蔵菩薩《じぞうぼさつ》	日本三大霊場の1つ。862年に円仁によって開山され、菩提寺が創建された。例祭ではイタコの口寄せが行われる。	JR大湊線・下北駅からバス
二風谷《にぶたに》	北海道 沙流郡 平取町	自然神	アイヌの聖地。博物館では、神々とともに生きるアイヌの生活を知ることができる。平取町にはアイヌに崇拝されていたという義経を祀る義経神社もある。	JR札幌駅からバス
御嶽《うたき》	沖縄諸島	琉球の神々	本州とは違う信仰体系が残る。巫女が神と交信した森や岩場が保たれている。入ることが禁じられている場所も多いので注意。	集落地からやや離れた所にあることが多い

ゆかりの神仏の表記は、祀られている神社や寺で公表しているもので、本書内での表記と異なることがあります。

神さま索引

神仏名については、異なる表記、読み方をする場合があります。

あ

阿閦如来（あしゅくにょらい）…… 156
愛宕権現（あたごごんげん）…… 157
天照大神（あまてらすおおみかみ）…… 28・32・34・45・64・76・82・114・156
伊邪那岐命（いざなきのみこと）…… 28・32・33・34・47・48・53
伊邪那美命（いざなみのみこと）…… 33・47・48・50・51・53
一光三尊阿弥陀如来（いっこうさんぞんあみだにょらい）…… 158
稲荷神（いなりしん）…… 48・158
稲倉魂命（うかのみたのみこと）…… 158
宇迦之御魂神（うかのみたまのかみ）…… 48・86
氏神（うじがみ）…… 146
ウスサマ明王（うすさまみょうおう）…… 51
産土神（うぶすながみ）…… 30・146・158
恵比須（えびす）…… 33・49・86
大国主（おおくにぬし）・大国主神（おおくにぬしのかみ）…… 32・49・156
大年神（おおとしがみ）…… 44・48・64・76・82・114
大穴牟遅（おおなむじ）…… 32
大禍津日神（おおまがつひのかみ）…… 28
大山祇命（おおやまつみのみこと）…… 158
鬼（おに）…… 38
怨霊（おんりょう）…… 38

か

かまど神（かまどがみ）…… 31・153
神大市比売（かむおおいちひめ）…… 44・48
観音菩薩（かんのんぼさつ）…… 158
櫛名田比売（くしなだひめ）…… 32
弘法大師（こうぼうだいし）…… 156
穀物神（こくもつしん）…… 44・48
事代主神（ことしろぬしのかみ）…… 33
木花咲耶姫命（このはなのさくやびめ）…… 156

さ

蔵王権現（ざおうごんげん）…… 157
座敷童子（ざしきわらし）…… 35
三宝荒神（さんぽうこうじん）…… 46・86・153
自然神（しぜんしん）…… 157・158
地蔵菩薩（じぞうぼさつ）…… 158
志那都比古神（しなつひこのかみ）…… 53・64・76・82・96・102・108・114
水神（すいじん）…… 34
素戔嗚尊（すさのおのみこと）…… 157
須佐之男命（すさのおのみこと）…… 28・32・34・44・45・48
底筒男命（そこつつのおのみこと）…… 157
祖霊（それい）…… 146

た

大黒（だいこく）・大黒天（だいこくてん）…… 32・49・86
高千穂皇神（たかちほすめがみ）…… 157
月読命（つくよみのみこと）…… 28・32・158
土の神（つちのかみ）…… 51
トイレの神（といれのかみ）…… 35・51
土公神（どこうじん）…… 30

な

納戸神（なんどがみ）…… 52・76・82・108

は

波邇夜須毘古神（はにやすびこのかみ）…… 51・70
波邇夜須毘売神（はにやすびめのかみ）…… 51・70
火之迦具土神（ひのかぐつちのかみ） 47・96
火の神（ひのかみ）…… 46・47
水蛭子（ひるこ）…… 33
貧乏神（びんぼうがみ）…… 38
ほうき神（ほうきがみ）…… 128
豊穣の神（ほうじょうのかみ）…… 49

ま

マハーカーラ …… 32
弥都波能売神（みづはのめのかみ）…… 50・86・96・102
宗像三女神（むなかたさんじょしん）…… 156

や

薬師如来（やくしにょらい）…… 157
疫病神（やくびょうがみ）…… 38
屋敷神（やしきがみ）…… 35・52

り

琉球の神々（りゅうきゅうのかみがみ）…… 158

きさいち登志子（きさいち・としこ）

東京都生まれ。生活コーディネーター、TU·TI 編集室代表。2013 年土田登志子から「きさいち登志子」に改姓。『スッキリ・簡単！「新☆お掃除」の法則』（三笠書房）、『なんで私の部屋、いつも知らぬ間にゴチャゴチャなの⁉』（すばる舎）、『幸せがやってくる魔法のかたづけ術』（ジョルダン）など多数の著作のほか、雑誌・テレビなどでお掃除や生活についてのアドバイスを行う。本書ではお掃除・整理整頓についての監修を担当。

久保田裕道（くぼた・ひろみち）

千葉県生まれ。國學院大學大学院博士課程後期文学研究科修了。博士（文学）。一般社団法人儀礼文化学会事務局長、國學院大學兼任講師。民俗芸能学会理事。著書に『神楽の芸能民俗的研究』（おうふう）、『「日本の神さま」おもしろ小事典』（ＰＨＰ）、共著に『心をそだてる子ども歳時記 12 か月』（講談社）、『日本のしきたり30の謎』（新人物往来社）などがある。本書では神仏・神事についての監修を担当。

マンガ・イラスト …… すぎうらゆう
本文デザイン ………… ムーブ（新田由起子、川野有佐）
校正 ………………………… くすのき舎
執筆協力 ………………… 柴崎あづさ
編集協力 ………………… 倉本由美（ブライズヘッド）、フロンテア
編集担当 ………………… 遠藤英理子（永岡書店）

汚い部屋がみるみる片づく！
神さまがやどる　お掃除の本

監修 ………………… きさいち登志子
　　　　　　　　　　久保田裕道
発行者 ……………… 永岡修一
発行所 ……………… 株式会社永岡書店
〒176-8518　東京都練馬区豊玉上 1-7-14
電話　03（3992）5155（代表）
03（3992）7191（編集）
DTP ………………… 編集室クルー
印刷 ………………… 末広印刷
製本 ………………… ヤマナカ製本

ISBN　978-4-522-43175-7 C2076
落丁本、乱丁本はお取り替えいたします。⑦